Sara Léux

Die neue Weiblichkeit leben

Sara Léux

Die neue Weiblichkeit leben

Sei stark, wild und leuchtend

// SILBERSCHNUR 🦋 VERLAG

Copyright © 2020 Verlag »Die Silberschnur« GmbH

ISBN: 978-3-89845-621-0

1. Auflage 2020

Gestaltung & Satz: XPresentation, Güllesheim
Umschlaggestaltung: XPresentation, Güllesheim; unter Verwendung verschiedener Motive von © Owl_photographer und © Helena Lansky, www.shutterstock.com
Druck: Finidr, s.r.o. Cesky Tesin

Verlag »Die Silberschnur« GmbH · Steinstraße 1 · D-56593 Güllesheim
www.silberschnur.de · E-Mail: info@silberschnur.de

Für Joshu

»Lege mich wie ein Siegel auf dein Herz, wie ein Siegel auf deinen Arm. Denn Liebe ist stark wie der Tod. Ihre Glut sind Feuergluten, gewaltige Flammen. Mächtige Wasser können sie nicht löschen, auch Ströme schwemmen sie nicht hinweg.«

Aus dem Hohelied Salomos

Inhalt

Neuntes Portal

Liebe – Magie der Weiblichkeit – Maria-Magdalena-Energie

Prolog

Der Gitarrist Roni und ich betreten den Raum, der nicht geschlossen ist, sondern eine offene Bühne darstellt. Ein langer weißer Tisch mit weißen Stühlen steht oben auf dem Podium. Rechts von der Bühne ist ein Mischpult, zusammen mit einer Technikerin. Mehrere Mikros und ein schönes helles Licht runden das Bild ab. Noch ist der Raum leer – und dennoch überträgt er schon die vielen gelesenen und die zu lesenden Worte. Die Spannung ist greifbar ... im leeren Raum.

Glücklich nehme ich diesen Moment ganz in mich auf. Zum ersten Mal lese ich in der Öffentlichkeit über die goldene Flamme Salomo. Auf der Bühne im Forum Literatur der Leipziger Buchmesse. *Das erste Mal – der Zauber des Anfangs.*

Wir betreten die Bühne. Roni fängt an zu spielen und immer mehr Menschen kommen und setzen sich. Ich bin neugierig und aufgeregt. Schaue auf nach vorne zu den Menschen. Mein Herz schlägt wie wild. Ich bin glücklich.
Momente des Glücks, der stillen oder auch der lauten Freude, ich kann sie nicht festhalten, aber je bewusster ich sie wahrnehme, desto erfüllter bin ich. So dankbar bin ich für jeden wachen Augenblick.

Auskosten will ich jede Sekunde meines Lebens. Mein Leben, das mir manchmal fast wie ein Wimpernschlag erscheint ... Genießen will ich ... da sein ... voller Liebe ... mit allen Schmerzen, meiner Hingabe und meiner Power. Ich bin ein Mädchen, das in Flammen steht.

Ich atme die *goldene Flamme Salomo* ein und aus und bin glücklich, die tief gefühlte Sehnsucht in mir einen Hauch zu stillen. *Hauch um Hauch, wie ein Baby hänge ich an deiner Brust ... Unerklärbar das wohlige Gefühl in mir ... und doch, da ist sie: die Heimat, so lange gesucht, nun gefunden. Hauch um Hauch.*

Sei eine Schwänin.
Die sich hervorhebt und sichtbar ist.
Eine Schwänin, die sie selbst ist und bereit,
sich in ihrer vollen Schönheit zu entfalten.
Getragen vom Licht.

Einführende Worte

Eine neue Weiblichkeit ist heute da ...
Schicht um Schicht lösen sich unsere Masken ab,
und aus uns heraus entsteht unser ursprüngliches
Selbst – unser natürliches Antlitz erscheint.
So ist das urweibliche Licht – das neue Gesicht.
Eine Rebellin des Herzens.

Liebe Leserinnen, lieber Leser, ich sage einfach »du«, weil es in diesem Buch um das eigene, wahre Selbst geht, und ich hoffe, dass wir einen Kontakt von Herz zu Herz haben werden.

Mein Name ist Sara. Ich möchte dir mit diesem Buch die Verbindungen zu einigen sehr hochschwingenden Energien der "neuen Zeit" nahebringen – mit ihren verschiedensten weiblichen, göttlichen Aspekten. Wie dem der *goldenen Flamme Salomo*. Sie kommt direkt aus der Quelle und entfacht und stärkt mit ihrer hohen Schwingung von Licht & Liebe das *Feuer der Weiblichkeit*.

Es geht um die Erweckung unserer Urweiblichkeit ... für eine Heilung unserer weiblichen Seiten mit ihrer entspannenden und starken Seins- und Schöpferkraft. Es geht um unser wahres Licht, das immer mehr zu leuchten vermag.

Wir sind aufgehoben in der unglaublichen Strahlkraft des urweiblichen Seins.

Du bekommst mit allen Texten die Schlüssel an die Hand, um dich mit der Quelle zu verbinden und die reinen Energien in dein Leben zu integrieren, da sie direkt erfahrbar übertragen werden. So ist "Die neue Weiblichkeit leben" ein "Erlebnisbuch" für deinen Körper, deine Seele und deinen Geist, damit deine wahre Essenz immer stärker hervortreten und leuchten kann.

Die *goldene Flamme Salomo* ist eine weibliche Energie. Sie erinnert an das *"Hohelied Salomo"*, aus dessen Text auch eine Verehrung des Weiblichen spricht. Salomo selbst ist eine universelle geistige Wesenheit, die die weibliche Energie und die männliche Energie in sich vereint. So können wir mit der Verbindung zu den heilsamen Frequenzen der goldenen Flamme Salomo unsere weiblichen und männlichen Anteile in uns immer mehr ausbalancieren. Wie beispielsweise auch Erzengel Michael oder Erzengel Gabriel hat Salomo zwar einen männlich klingenden Namen, ist aber wie sie ein androgynes Wesen aus der Quelle der Alleinheit.
Auch möchte ich noch erwähnen, dass der Begriff *"die goldene Flamme Salomo"* eine (übermittelte) Wortschöpfung von mir ist, obwohl auch viele andere Lichtarbeiter mit Begriffen wie "goldene Flamme" oder "goldenes Licht" arbeiten. *Wir sind alle miteinander verbunden.*

Bei der *goldenen Flamme Salomo* geht es um die Verbindung und Aussöhnung unserer beiden Pole, um beide zu stärken – und um die Magie und unsere magnetische Anziehungskraft zu leben. Sie bringen das Annehmen, das Empfangen und das Geben des Fruchtbarsten in unserem Leben in vielerlei Hinsicht hervor.

Wir sind geborgen im Schoß der großen Mutter.
Sehen, anerkennen und leben wir auch die weibliche Seite des Ursprungs, der Quelle, des Kosmos, des Göttlichen, der Schöpfung.
Sehnen wir uns nicht alle danach?
Ehren wir die große Göttin!
Leben wir in der Weichheit, Tiefe und Weite unseres weiblichen Herzens!

In der heutigen "neuen Zeit" geht unsere Gesundung, die der Gesellschaft und die der Erde von der Heilung der Urweiblichkeit aus. Wir brauchen die weibliche Stärke so sehr!

Kehren wir zu ihrer Ursprünglichkeit und ihrem Ursprung zurück – wobei unsere weibliche Stimme die Welt trösten und in Balance bringen möchte.

Die *goldene Flamme Salomo* wirkt wie ein Portal zu den weiteren hochschwingenden Energien, um die es in diesem Buch ebenfalls geht. Sie öffnet uns immer mehr für die verschiedenen göttlichen Aspekte.

Unser Portal zu ihnen ist unser Herz. Je offener und geheilter unser Herz ist, desto stärker fließen die verschiedenen Energien in uns.
Sie ergänzen sich.
Wir können uns immer weiter öffnen und entfalten. Wie eine Blume.

Entdecken wir die Göttinnen wie Isis oder Hathor neu! Es geht darum, die weiblichen Kräfte zu bündeln. Die Frauen der biblischen Zeit, wie Lilith, Maria Magdalena oder auch Salome, werden umgedeutet und wir können sie in uns befreien. Ihre heilsamen Lebenskräfte in unser Leben holen.
Das weibliche Licht scheint so immer heller.

Wir können uns fragen, wann uns welche Energie guttut:

Die *Isis-Energie* ist warm, nährend und weit, so dass man sich einfach nur in ihre Arme legen möchte. Sie ist voller Lebensfreunde und verbindet uns mit unserem inneren Wissen und den uns innewohnenden Heilkräften.

Vielleicht möchtest du dich mit der Schwingung von *Lilith* verquicken, deren Energie so kraftvoll, freiheitsliebend, wild und rebellisch ist und uns dabei unterstützt, nach vorne zu gehen? Unseren wahren Platz einzunehmen und für uns einzustehen!

Oder möchtest du dich mit der *Maria-Magdalena-Energie* verbinden, die unsere Fähigkeit zur bedingungslosen Liebe stärker aus uns herausholt, um dein tiefes Vertrauen, deine Beziehungen und deine Liebesfähigkeit zu stärken und zu heilen?

Vielleicht spricht dich am meisten auch die *Venus-Energie* an? Die Annahme ihrer Energie unterstützt uns vor allem in unserer Sinnlichkeit und in unserem "Frausein". Unsere Leidenschaft, Ausstrahlung, die natürliche erotische Stärke, unsere wahre Schönheit und Strahlkraft wird durch die Venusschwingung in einem neuen Sinne belebt.

Eine "neue sinnliche Kraft" aus dem bewussterem inneren Spüren des Körpers und der höher werdenden Schwingung in uns entsteht. Mit dem *"Freien Tanz der Salome"* gehen wir in eine starke Präsenz und Eigenliebe. Auch können wir uns mit den wundervollen reinen *Sternenenergien der Plejaden* verbinden.

Eine ursprüngliche, geerdete und starke Weiblichkeit in einem neuen Gewand ist heute am Entstehen: mit einem natürlichen Gesicht des Femininen – als Tor zum Himmel.

Es steht im Feuer – ist Hingabe, Stärke und Freiheit.

Leben wir die Sehnsucht, in dem Raum des Lichts zu sein.
Mehr und mehr können wir aus der Quelle handeln, aus dem
Spirit unseres Herzenslichtes lieben und leben. Die Vereinigung
mit den göttlichen, weiblichen Essenzen schließt die Lücke zu
unserer Sehnsucht, mit dem Herzen zu handeln – und es auch
wirklich tun zu können.

Zurück zu Salomo ... Meine Reise mit der *goldenen Flamme Salomo* begann, als Salomo nach einer Initiation von der geistigen
Welt in mein Leben trat. Ich fing an, die Anrufungen, die mir
übermittelt wurden, aufzuschreiben – und mein neuer, eigent-
licher "Geburtsprozess" begann.
Schnell wurde mir allerdings klar, dass sie nicht nur für meinen
eigenen Heilungsprozess da sind. Sie sind innovative Wege zur
Harmonisierung und Transformation – sie unterstützen uns
bei unserer Selbstheilung und auf dem ureigenen, spirituellen
Weg.

Salomo ist eine geistige Wesenheit, die die *goldene Flamme Salomo* mitbringt – den Teil im Herzen, der als eine Flamme
direkt mit der Quelle der Schöpfung, dem reinen Bewusstsein,
verbunden ist. In ihm spiegelt sich unser eigenes Licht ... Es gibt
viele Namen dafür. Nimm den, der für dich stimmig ist. Wenn
du möchtest, nenne diesen Ort so wie ich die *"goldene Flamme
Salomo"*, "Feuer meines Herzens" oder vielleicht auch "himmlisches Herz".

Auch wenn der Fokus auf der Heilung der Weiblichkeit liegt, ist
es insgesamt wichtig, beide Essenzen in uns zu stärken und zu
leben – das Weibliche und das Männliche. Und als Mann ist es
genauso heilend, wichtig und schön, seine weiblichen Aspekte
mehr und mehr zu entdecken und zu leben. Wenn die weibliche

Seite zu ihrer wahren Stärke und Natürlichkeit zurückkehrt, kann auch die männliche Seite in uns heilen. Umgekehrt gilt das natürlich genauso.

Beide Pole bedingen sich.

Anima und Animus – sie gehören zusammen.

Um die eine Seite zu klären und zu entwickeln, bedarf es (auch) des Vertrauens in die andere Seite.

Wenn wir uns mit den hohen Energien im Außen verbinden, verstärken wir so auch die reinen Schwingungen im Inneren. In der energetischen Verbindung und Vereinigung des Herzens mit dem Ursprung wird alles wieder eins, was immer schon eins war. Denn beide kommen aus ein und derselben Quelle. Sie verbinden sich wie unsere beiden Hände, wenn wir sie ineinanderlegen, die sich aber auch wieder nach außen hin öffnen können.

Wie innen, so außen. Oder: Wie außen, so innen.

In der heutigen Zeit geht es darum, unsere weibliche Macht anzunehmen. Für eine Balance der unterschiedlichsten Kräfte und ein respektvolles Miteinander. Durch eine lichtvolle Heilung des Herzens und die Wiederentdeckung unserer ursprünglichen, stärkenden Seinsqualitäten ist es uns immer mehr möglich. Das Feuer unserer Weiblichkeit brennt. Verankern wir uns in der Quelle der Liebe, die wir sind – im Himmel und auf Erden. *Seien wir eine "Himmelstänzerin" – ein "Dakini-Mädchen".*

Ich möchte dich einladen, deine Aufmerksamkeit auf die Freude, die Leichtigkeit und das Vertrauen in deine Talente und Fähigkeiten zu richten, um sie zu verstärken – ohne dabei die sogenannte "Schattenarbeit" mit dem Annehmen und Transformieren deiner Gefühle und Gedanken zu vernachlässigen. Das Buch möchte dich auch dazu ermutigen, dir deine "Schatten" anzuschauen – denn in ihnen liegt auch deine Stärke. All unsere Gefühle und Wahrnehmungen sind kraftvolle Portale für unser weibliches Erwachen.

Die *goldene Flamme Salomo* ist eine der stärksten Kräfte und Energien der "neuen Zeit" – in der sich die Erde immer mehr transformiert und die die Menschheit beim Übergang in das "goldene Zeitalter" unterstützt. Wir sind in der Lage, uns immer mehr aus unserem eigenen Herzensraum mit der Quelle zu verbinden. Das legt uns unsere Eigenverantwortung und Selbstliebe in die Hände.

Die reinen Schwingungen stärken unser Sein von Licht & Liebe. Wir können immer mehr strahlen, unsere mentale Kraft wird klarer und fokussierter und wir handeln mehr und mehr aus der inneren Verbundenheit zur Quelle, zum wahren Bewusstsein, das hinter allem steht.

Mit unserem Herzenslicht stärken wir bewusst unsere Entwicklung, bis wir in unsere Freiheit und inneren Frieden gelangen. Kraftvoll in uns ankommen und im Hier und Jetzt leben. Dazu enthält dieses Buch praktische Anleitungen, die du selbstständig praktizieren und auch in dein tägliches Leben integrieren kannst. Neben den praktischen Passagen habe ich persönliche Sequenzen eingestreut, in denen du dich wiedererkennen kannst, und Gedankenanstöße in Form literarischer Texte – eine Wundertüte, aus der du dir je nach Lust und Laune die Kapitel auswählen kannst, die dich an diesem Tag ansprechen – die vielleicht sogar *zu dir* sprechen.

Mit den einzelnen Portalen bekommst du ein starkes Rüstzeug an die Hand, um dich mit den (verschiedenen) weiblichen

Schwingungsqualitäten zu verbinden und sie in dir zu neuem Leben zu erwecken. Für die Flamme deiner neuen Weiblichkeit.

Ich wünsche dir Freude und Segen!

Anmerkung:
Wenn du mit dem Gottesbegriff, der im Buch verwendet wird, Schwierigkeiten hast, so ersetze ihn einfach durch ein für dich stimmigeres Wort, wie vielleicht die Quelle, das Allerhöchste, das Einssein, Gott/Vater/Mutter, Gott und große Göttin, die Zentralsonne, höheres Selbst, die Schöpfung oder ein anderes. Ich selbst benutze verschiedene Begriffe. Die Bedeutung des "Christuslichts" ist dabei spirituell gemeint und meint die reine universelle Liebe – das Ursprungslicht der Quelle. Gerne benutze ich auch Begriffe wie universell, göttlich, Raum des Lichts in einer alltäglichen Art, um sie in einer "normalen" Art und Weise zu gebrauchen und sie in meine Texten (mit) hineinzuweben ...

Urweibliches – Strahlkraft des Weiblichen – die goldene Flamme Salomo

Anrufung der goldenen Flamme Salomo

Mit dieser Hauptanrufung kannst du dich mit der hochschwingenden Energie von Licht & Liebe der goldenen Flamme Salomo verbinden, um ihre Schwingung erst einmal kennenzulernen und zu
fühlen. Mit der Anbindung kannst du dein eigenes Licht in deinem
Herzen immer mehr entdecken – dein inneres Feuer entfachen
und leben, um dein wahres Selbst zu stärken.

Über deinen Atem verbindest du dich mit deinem Körper, deiner
Seele und deinem Geist. Spüre in dich hinein und verbinde dich
mit deinem Inneren. Lege deine beiden Hände auf dein Herz
Atme sanft und tief ein, halte kurz inne und atme dann aus. Sprich
innerlich oder laut die Hauptanrufung für das Fühlen und Wirken
der goldenen Flamme Salomo:

»Danke goldene Flamme Salomo – ich öffne mich für deine Schwingung und bitte dich, in mir zu scheinen und zu wirken. Ich bin ein reiner und klarer Kanal für die weibliche Schwingung der goldenen Flamme Salomo und bitte sie, in meinem Herzen zu leuchten und mein Licht in meinem Herzen zum Strahlen zu bringen. Goldenes Licht der Quelle, strahle in meinen Körper, in meine Seele und in meinen Geist. Auf allen Ebenen meines Seins. Leuchte in meine Augen, leuchte in meine Hände, in meine Haut, in meine Zellen und in meine Aura. Die Flamme meiner Weiblichkeit strahlt.

Im Jetzt.
So sei es. Danke.«

Atme tief ein und aus.

Du kannst dir vorstellen, dass das goldene Licht direkt in deinem Herz erscheint oder dass du einen goldenen Lichtstrahl von oben durch dein Kronenchakra in deinen Körper und in dein Herz fließen lässt.

Deine Aura ist dein Energiefeld, deine Ausstrahlung. Sie umgibt deinen Körper und sie ist unterschiedlich ausdehnbar.

»Im Jetzt« verbindet alle Zeitlinien und ist im Grunde jenseits von Raum und Zeit. Die Energie fließt automatisch in die jeweilige Zeit und auch in den jeweiligen Ort, wo sie gebraucht wird. So lange, wie es sich für dich gut und stimmig anfühlt, kannst du die Energie fließen lassen. Lege dazu deine Hände auf deinen Körper auf, wenn du möchtest.

Du kannst diese Hauptanrufung für dich alleine sprechen, laut oder innerlich, oder du kannst sie auch mit einem bestimmten An-

liegen und den nachfolgenden Anrufungen verbinden, beispielsweise wenn dich ein konkretes Thema im Alltag beschäftigt. Wann
immer du dich in deinem Alltagsleben mit der goldenen Flamme
Salomo verbinden möchtest, kannst du es tun. Wenn du unterwegs
bist, kannst du auch die Kurzformel benutzen. Vereinfacht kannst
du sagen:

»Ich rufe die goldene Flamme Salomo und verbinde mich mit ihr.«

Oder:

»Flamme Salomo – leuchte – im Jetzt.«

In allen Übungen, Meditationen und Anrufungen dieses Buches
sind die Sätze, die in Anführungszeichen stehen und die eingefärbt
sind, mit einer stärkeren Energie versehen, die direkt übertragen
wird. Du kannst diese Sätze wie Affirmationen für dich sprechen
und die Energie dabei direkt fühlen. Lasse anschließend die Schwingungen dieser heilenden Sätze in dir wirken und spüre der subtilen
Wirkkraft nach.
Für jeden kann es sich anders anfühlen. Vielleicht spürst du ein
leichtes Kribbeln? Eine Wärme, aber auch Kälte ist möglich oder
du bemerkst, dass sich innerhalb deines Körpers irgendetwas irgendwie verändert. Spüre dem nach. (Auch wenn du wenig wahrnimmst, wirkt die Energie.)

Emotionen können in dir aufsteigen. Wenn dies der Fall ist, nimm
sie wahr und lasse sie einfach erst einmal da sein. Öffne dich ihnen
und fühle sie mit deinem Herzen. Atme in sie hinein, um dich in
ihnen zu entspannen, und gib ihnen Raum. (Wie du genauer mit
deinen Gefühlen umgehen kannst, erfährst du in dem Kapitel

über die Emotionen und ihre Transformation, siehe S. 99 ff.) Oft begegnen uns auf unserer Heilungsreise ähnliche Themen, ähnliche Emotionen in den verschiedensten Lebenssituationen immer wieder – und daher beleuchte ich auch einzelne Themen und Gedanken (manchmal) aus verschiedenen Blickwinkeln.

Es ist gut, wenn du dich – gerade auch bei der Energiearbeit mit heilsamen Schwingungen – immer wieder bewusst mit deinem Körper verbindest, um mit dir in einem guten Kontakt zu sein und in deiner Mitte anzukommen – um dich zu erden und in deine Präsenz zu gehen. Dabei ist eine bewusste Atmung hilfreich. Dein Atem verbindet dich auch mit deinem Unbewussten und dient so als eine Brücke zwischen deinem Körper, deiner Seele und deinem Geist. Durch das Auflegen deiner Hände auf dein Herz verbindest du dich immer mehr mit deiner Seele.

Immer mehr kannst du die hochschwingenden Energien in deinem Körper verankern und dich mehr von innen her spüren. Nach dem Praktizieren der Anrufungen und Übungen ist es gut, die übertragenen Energien durch ein bewusstes Atmen in dir zu verankern. Allein durch ein Gewahrsein auf deinen Atem sinkt er tiefer in deinen Körper – und in die Lücke zwischen dem Ein- und Ausatmen öffnet sich die Welt. In diesem Moment kannst du auch bestimmte Eigenschaften gut in dir verankern, um sie dann auch ans Leben, an die Umgebung weiterzugeben – im universellen Kreislauf. Es geht um ein Empfangen und um ein Weitergeben. So heißt es dann beispielsweise:

Atme Leichtigkeit bewusst ein, halte kurz inne und verankere sie in dir. Dann atme Leichtigkeit aus und gib sie so weiter.
Oder in Kurzform: Atme Leichtigkeit ein, halte inne und atme sie aus.

Visualisieren wir mit dem Ausatmen die jeweilige Eigenschaft und füllen wir den Raum in unserem Umkreis mit ihr aus ... Sie erscheint wie eine Sonne.

Vielleicht nimmst du die Energie der goldenen Flamme Salomo sowie auch die der anderen hochschwingenden Energien immer mehr wahr? Mit ihnen kannst du dich mehr und mehr in einer leichten und spielerischen Art verbinden. Alles ist offen und möglich in dem Raum deiner Heilung.

Setzen wir den Hebel dort an, wo wir uns verändern können.

Kommen unsere Wunden hoch, betrachten wir sie mit sanftem Auge und geben eine höhere Schwingung von der geistigen Welt in sie hinein. Seien wir dankbar, wenn sich unsere alten Wunden zeigen – und vielleicht können wir sogar eine gewisse Schönheit in ihnen erkennen?

Sie machen doch genau das Eigene in uns aus. Wir sind auch durch sie genau der Mensch, der wir sind.

Und genau durch unsere Erlebnisse und Erfahrungen entwickeln wir uns. Bei manchen Themen dachte ich auch manchmal: 'Nicht schon wieder! Bin ich damit denn nicht schon durch??' Doch, egal wie es auch sei ... Wir wachsen und wir werden stärker mit jedem Erlebnis. Heilen und verändern wir uns – verändern wir unser Leben. Bergen wir so unser Potenzial und leben es immer mehr aus.

Jeder Heilungsweg ist ein individueller Weg ... der immer weitergeht ...

Folge deinem Instinkt und deiner inneren Wahrheit. Sei achtsam mit dir. Genieße einfach die Zeit, die du mit dir und deiner Heilung verbringst.

Erlaube sie dir – es ist deine heilige Zeit.

Ich möchte dich einladen, dieses Buch mit deinem ganzen Wesen zu lesen – und mit deinem Herzen. Mit einer wachen Neugier. Es kommt auf die Essenz an – und auch auf das, was zwischen den Zeilen mitschwingt. Auf die Energie, die du beim reinen Lesen erlebst – und auch auf deinen Wunsch, dich zu verbinden. Folge beim Praktizieren und Lesen einfach deiner Intuition und Wahrnehmung. Nimm das an, was sich für dich stimmig liest und was dir wahr erscheint, und lass das weg, was nicht zu dir gehört. Du bist deine Instanz.

Dein Herz kann sich durch die Verbindung mit der goldenen Flamme Salomo immer mehr öffnen und heilen, denn ihre "Feuerkraft" reinigt und transformiert. Sie bringt Licht, Gerechtigkeit und Freiheit. Ist Hingabe, Rock 'n' Roll und Frieden.

Wir können dieses Geschenk annehmen.

Mein Weg ...

Fast täglich schreibe ich in meine Hefte hinein. Meist am Morgen, direkt nach dem Aufwachen, und auch später, verteilt über den Tag, immer wieder. Oft sitze ich auch schreibend in einem Café oder am Wasser, zwischendurch bei der Arbeit und manchmal schreibe ich sogar nachts, wenn ich einen Impuls dazu habe. Stets trage ich so ein kleines Büchlein bei mir, so dass ich überall, wo ich bin, Situationen und Eindrücke aufschreiben kann. Ich fühle mich damit zum einen mehr komplett und zum anderen kommt es mir so vor, als würde dadurch das Erlebte – oder auch nur das in meiner Fantasie Erlebte – tiefer in mir ankommen und sich mehr verankern. Ich liebe es einfach.

Im Verlauf dieses Buches werde ich dir immer wieder kurze Episoden aus meinem Leben erzählen, um die Anregungen und praktischen Schritte beispielhaft in alltäglichen Situationen darzustellen. Vielleicht findest du dich in der einen oder anderen Situation wieder, oder du erinnerst dich an eigene Erfahrungen und Wahrnehmungen, die dich auf deine innere Fährte bringen. Vielleicht möchtest du sie dir gerne notieren?

Hamburg, Langenhorner Chaussee, 17.00 Uhr:

Es ist ein sonniger Tag. Glücklich lächle ich vor mich. In meinem schwarzen Auto und in mein weißes Lieblingskleid gehüllt fahre ich die breite Straße entlang. Ich freue mich auf das vor mir liegende Sommerfest. Summe Melodien. Und dann, auf einmal ...

ohne die kleinste Vorwarnung: Oh nein! Ein lautes Wumms. 'Nein
– nein – nein – nein ... NICHT!', schreit es in mir. Ein grausamer
Aufprall. Ich hatte dem von rechts plötzlich auftauchenden Auto
nicht mehr ausweichen können.

Atem. Stillstand.

So fühlt es sich an. Ein riesiger Schock.
Gefühlte Hundertstelsekunden vor dem Aufprall tauche ich ein
in einen Moment – ich kann es kaum beschreiben, es fühlt sich
irgendwie an wie die Unendlichkeit. Die Zeit lässt sich nicht
mehr in Worte kleiden, man ist nicht mehr fühlend, alles Greifbare
geht verloren. Mein Auto überschlägt sich mehrmals und fliegt
über die Chaussee – nur gestoppt von einem dicken Baum auf
der anderen Seite. Karussell, Lichter, Bilder – alles verschwimmt
vor meinen Augen.

Das Lachen, die Stille, der Schrei, das Nichts.

Aufgewacht bin ich in diesem hellen Raum.
Im Krankenhaus. Wieder gab es diese vielen Lichter.
Alles ist anders. Alles?

Im Nachhinein denke ich noch so oft an dieses Erlebnis zurück,
das mich eine lange Zeit meines Lebens begleitete und mich zu
meiner spirituellen Reise führte. Daher wollte ich es dir gerne mitteilen. Zum einen ließ mich der Moment dieser Zeitlosigkeit, der
erlebten Unendlichkeit nicht mehr los. Oft dachte ich daran und
es war auf eine gewisse Weise faszinierend. Ich fühlte mich seltsam
glücklich – sprachlos selig. Zum anderen drängte mich das Erlebte
auf meinen extremen Weg der Energie- und Heilarbeit. Ich wollte
gesund sein, ich wollte leben ... und ich wollte gut leben! So

gesehen war dieser Aufprall für mich ein Segen. Er schleuderte mich hinein in ein neues Leben.

Kommen dir einschneidende Ereignisse in den Sinn, die dein Leben gedreht, gewandelt haben - die ihm eine neue Richtung gegeben haben? Und die erst im Nachhinein betrachtet zu einem Wendepunkt deines Lebens wurden - erschienen sie doch erst einmal anders und waren vielleicht auch mit viel Schmerz verbunden?
Manchmal können diese prägenden Erfahrungen, die uns viel geben, auch - auf den ersten Blick - nicht so bedeutend erscheinen wie ein bestimmtes Wort, dass dich im Herzen trifft.
Alles kann ein Erweckungsmoment sein.

... Wir machen jetzt einen großen Gedankensprung ...

Es war am Meer, als ich anfing zu "channeln".
Es begann einfach so, ganz leicht, ohne dass ich es mir auch nur im Geringsten vorgenommen hätte. Geschrieben hatte ich ja schon immer viel, doch jetzt nahm das Schreiben eine andere Form an. Je mehr es mir gelang, mich selbst zurückzunehmen und mich mit der Natur um mich herum zu verbinden, desto einfacher führte mein Stift meine Hand. Es fühlte sich leicht und gut an - so ähnlich wie in einer Meditation.

Ich schrieb und schrieb und schrieb.

Es war fast so, als spräche das Meer zu mir, und wenn ich am nächsten Tag in meinem Heft las, war ich oft überrascht, was ich geschrieben hatte.

Erfüllt von einer schamanischen Initiation, bei der ich danach das Gefühl hatte, meine Welt drehe sich um 180 Grad, um dann wieder zur Ruhe zu kommen, meldete sich im Sommer 2015 "Salomo" bei mir.

Oh – ey ... Stopp! ... Moment mal bitte! ... Salomo? Bitte wer??

Eine Wesenheit aus der geistigen Welt stellte sich mir als "Salomo" vor und gab mir sogenannte "Anrufungen" durch.
Oh Sara, sagte ich mir, ist es jetzt soweit? Die Grenze überschritten? Die Grenze zum Nichtnormalen? Im eigentlichen Sinne von "verrückt", verdreht, irgendwie anders?

Eine sehr weise Frau hatte mir einmal gesagt, wenn man anfinge, heil und ganz zu werden, könnte sich das manchmal anfühlen, als würde man verrückt werden. Zudem: Was ist schon normal in dieser Welt? *"Die 'Verrückten' ebnen den Weg und die Weisen sind weise genug, ihnen zu folgen."* Das hatte ich irgendwo irgendwann einmal gelesen. ☺

Wie auch immer. Oooohhhhmm ... Es fühlte sich einfach nuuuuuur gut an.
Ist das denn nicht die einzige Art? Selbst für sich zu schauen, was sich gut und stimmig anfühlt? Für mich ist einfach alles möglich. Wer bin ich, um zu sagen, was stimmt oder was nicht? Was gibt es – und was gibt es nicht?
Ich fühlte mich der geistigen Welt schon immer nahe. Früher litt ich auch manchmal darunter, so sensibel und medial zu sein und auch so viel wahrzunehmen. Doch heute ist es für mich wundervoll. So bin ich. Ich stehe dazu, es ist mein Wesen und ich empfinde es als ein unglaubliches Geschenk.

Ich begann aufzuschreiben, was mir durchgesagt wurde von der geistigen Welt, von Salomo. Und damit begann für mich ein vollkommen neues Leben. Indem ich mich immer stärker öffnete und mich dem hingab, was ich empfing. Die Energie der goldenen Flamme Salomos steigerte sich in der Intensität und Wahrnehmbarkeit. Ich war glücklich.

Manchmal konnte ich es auch nicht so recht fassen. Aufregend und neu fühlte es sich an. "Spannend – was kommt wohl als Nächstes?", fragte ich mich.

Weiter machte ich auch meine Heilungsprozesse durch. Mit allem, was dazugehört. Neu war jedoch, dass ich mich auch in ihnen geborgen und sicher fühlte. Gesehen und aufgehoben, auch – oder gerade – im Schmerz.

So dankbar bin ich. Die Leichtigkeit meines Heilungsweges und meines Lebens nahm immer mehr zu. Ich empfand auch Demut.

Das Channeln bekam durch Salomo eine neue Qualität, und es kam mir so vor, als ob mein bisheriger spiritueller Weg und meine Arbeit als Künstlerin genau auf die Salomobücher hinausgelaufen war.

Ich stellte erstaunt fest, welch eine große Kraft die goldene Flamme Salomo hat! Sie unterstützt mich sehr in meinem Transformationsprozess und in meinem Alltagsleben. Ist meine Kraft- und Heilquelle – in einer spielerischen Art und Weise. Ich fühle viel Liebe und Freude. Wenn wir das tun, was wir lieben, und es mit unserer Seele in Einklang steht, ist es doch so ein Geschenk. Endlich wusste ich, warum ich hier bin.

Womanity

Kann ich dich fragen, was deine Leidenschaft ist?
Deine Vision?
Wo liegen deine Zuneigungen?
Wonach sehnst du dich in der Tiefe deines Selbst?

Unseren Gefühlen, Instinkten, Fähigkeiten und dem Fluss des Lebens mehr und mehr zu vertrauen, ist so nährend für uns.

Auf dem sogenannten "weiblichen Weg" spüren wir immer mehr das Feuer unserer Leidenschaft. Unsere Herzenskraft wird stärker und die Öffnung nach "oben" wird immer größer - sie geht immer weiter hoch, aber auch tiefer, nach unten - und dehnt sich um uns herum aus. Wir können immer mehr eine Leichtigkeit des Seins leben.

Je mehr wir unsere spirituelle Stärke auf dem Weg des Herzen finden und je mehr wir in unserem Körper ankommen, desto mehr leben wir unser Leben.

Seien wir eine Rebellin des Herzens - ein flammendes Mädchen.

Das für sich einsteht und losgeht.

Schon immer wurden (und werden immer noch) in der Gesellschaft mehrere weibliche Aspekte als Schwächen angesehen, beispielsweise das Lauschen, das Innehalten und Anlehnen, das Eintauchen in die Gefühlswelten, der gegenseitige Austausch, das Folgen des unorthodoxen, intuitiven Weges, die Verführungsgabe und das pure Verweilen im Sein ... Dabei ist all das so nährend und Kraft aufbauend für uns. Wir bewahren so unser Herz und darin unsere Erfahrungen – gehalten in unserer Ruhe.

Weibliche Attribute stehen für unsere Kraft, stehen für unsere Macht – mit ihrer Qualität der Schöpferstärke.

Sie sind unser Tor zum Himmel – unser Juwel (der Weiblichkeit).

Sie verbinden dich mit deinem wahren Sein der Liebe und deinem Herzensfeuer. Je stärker du mit dem Urweiblichen verbunden bist, desto stärker kannst du aus dir selbst heraus scheinen und umso machtvoller bist du.
Erlaube dir, sie zu leben – all deine Fähigkeiten und all das, was dich ausmacht. In deiner Stärke. In jeder und jedem von uns scheint das Licht. Wir können so sein, wie wir sind – in einzigartiger Art und Weise. In unserer Tiefe.

Wie schön ist es doch zu wissen, wir werden unterstützt und wir können uns verbinden. So dass wir uns auf unserem Weg zu uns aufgehoben fühlen können. Die göttliche Quelle ist immer da – mit so vielen wundervollen Energien. Wir müssen sie nur einladen, in unserem Leben zu wirken. Wie die goldene Flamme Salomo.

Erhöhen wir mit ihr unsere Schwingung, greift sie auf unser Unbewusstes zu und Heilung geschieht auch dort. Wir sind dann imstande, mehr aus den wahren Teilen unseres Wesens zu leben. Erhöhen wir unsere Schwingung, steigt auch die Schwingung um uns herum – auch die der Erde.

Wenn Heilung bei einem Menschen geschieht, kann sie auch auf andere überschwappen, wie bei einer Art Dominoeffekt …

Denn wir sind mit allen Menschen verbunden ... wie an einer Perlenschnur ... mit unserer Schnur des Lichts.

Eine neue Weiblichkeit ist heute am Entstehen: spielerisch und stark, tief und leicht, fließend und intuitiv, intelligent und leidenschaftlich, kreativ und liebend, sexy und weise, klar und rebellisch, selbstbestimmt und hingebend, frei und kuschelig, wild, fein und modern.

Wie viel lebendiger und leichter kann unser Leben sein? Wir haben doch jeder eine einzigartige Entwicklung in unserem eigenem Tempo. Ich hoffe sehr, dass dich die goldene Flamme Salomo, die Energie der Venus, der Plejaden, die Stärke von Lilith, Maria Magdalena oder eine der Göttinnenenergien ein Stück weit dabei begleitet und dich vielleicht genauso berührt wie mich. So gehen wir ja vielleicht einen Teil des heilsamen Weges zusammen?

Heilung meines Herzens

"Ich versuchte, ihn zu finden, am Kreuz der Christen, aber er war nicht da. Ich ging zu den Tempeln der Hindus und zu den alten Pagoden, aber ich konnte nirgends eine Spur von ihm finden. Ich ging zur Kaaba in Mekka, aber dort war er auch nicht. Ich befragte die Griechen und Philosophen, aber er war jenseits ihres Verstehens. Ich prüfte mein Herz, und dort verweilte er, als ich ihn sah. Er ist nirgends sonst zu finden."

Rumi

Für was schlägt dein Herz – Tag für Tag und Nacht für Nacht?
Wie oft brach es in gefühlte einzelne Teile?
Ist es jetzt nicht an der Zeit, all deine einzelnen Herzensteile zu heilen und dein Herz zu einen – *zu deinem goldenen Herzen?*
Unser Licht im Herzen kann immer stärker leuchten.

Das Herz zu heilen, es zu bewahren und aus ihm zu handeln, sind Qualitäten unseres weiblichen Seins. Kommen wir immer mehr in unserem tiefen, lichtvollen Herzensort an, dessen Tür offen ist und der ohne Wände auskommt. Um uns immer mehr mit dem Leben und der göttlichen Quelle, die auch in uns weilt, zu verbünden. Geben wir allem, was in unserem Inneren ist, einen Raum. So können wir unsere Innenwelt liebevoll weiten und in einer beweglichen Leichtigkeit in uns ankommen. Durchs Fühlen kommen wir immer tiefer in unserem Herzen an – entspannen uns mit den hohen Schwingungen von Licht & Liebe immer mehr in unseren Emotionen.

Alle Gefühle sind Tore für unser Erwachen, durch die die Evolution mit uns spricht.

Lieben wir unser "Chaos" im Herzen und erobern wir in uns mehr und mehr einen Ort der Stille, des Mitfühlens und des Friedens - in dem wir mit allem verbunden sind.

❧ Anrufung:

❧ *Für dein Licht im Herzen*

Lege deine beiden Hände auf dein Herz und atme tief ein und aus. Fühle, wie sich dein Brustkorb hebt und wieder senkt. Dein Atem verbindet dich mit deinem Körper, deinem Geist und deiner Seele. Er ist wie eine Brücke, die die verschiedenen Ebenen miteinander vereint. Fühle in dein Inneres und lausche in dich hinein. Was möchte dir dein Herz erzählen?

Atme sanft ein, lächle und atme aus.
Sprich innerlich oder laut:

»Ich bitte die goldene Flamme Salomo, in der Tiefe und Weite meines Herzens zu scheinen und meine innere Flamme in meinem Herzen zu initiieren mit ihrer Wärme, Strahlkraft und Liebe.
Wie die Flamme einer Kerze scheint sie in mir.
Der Samen meiner bedingungslosen Liebe geht immer mehr auf.

Mein eigenes Licht im Herzen leuchtet.

Mit der elektrisierenden Schwingung der goldenen Flamme der Quelle.
In meinem Raum des Lichts.

Meine Verbundenheit mit der Schöpfung ist gestärkt durch das goldene Licht, das auch in der Quelle meines Seins lebt.
Die innere Quelle vereint sich immer mehr mit der äußeren.

Die Flamme meines Herzen scheint – in meinem Raum der Liebe – mit ihrer Schwingung der Freude und des Glücks.
Wir sind alle mit einer goldenen Lichtschnur in unseren Herzen miteinander verbunden.

Im Jetzt. So sei es.
Danke. Danke. Danke.«

Atme tief ein und aus.
Mit dem Herzen.

ↄჳ Für eine Heilung im Herzen

Atme sanft ein, lächle dir zu und atme aus. Lege deine Hände auf dein Herz und fühle deine Seelenkraft. Sage leise oder laut:

»Ich verbinde mich mit der goldenen Flamme Salomo und mit meinem Ursprungslicht im Herzen – die aus der Alleinheit der Quelle kommen.
Bitte um eine Heilung in meinem Herzen – mit ihrer heilsamen Energie. Mit ihrer Schwingung entspanne ich mich immer mehr.
Mein Herz öffnet sich.

Mein gebrochenes Herz heilt und eint sich – mit dem goldenen Licht.

Ich öffne mich für mein Herz und erlaube mir zu fühlen.
Würdige meine Emotionen. Das goldene Quellenlicht strömt sanft und klar in die Wunden meines Herzens.
Ich würdige meine Schmerzen und Verletzungen und erlaube ihnen, da zu sein. Ich bitte die goldene Flamme Salomo, in sie hineinzufließen, um sie zu harmonisieren und zu transformieren.
Mein Herz heilt mit dem goldenen Licht. Der Raum des Lichts in meinem Herzen ist offen und weit. Er strahlt immer mehr.
In ihm bin ich mit allem verbunden – ich bitte um Heilung und Frieden für die Welt.

Im Jetzt. Danke.
Zum Wohle aller.«

☙ Für die universelle, kristalline Herzenskraft

Atme sanft ein, lächle und atme aus. Liebkose dein Herz. Mit deinem bewussten Atem kannst du dich immer weiter zentrieren und in deine innere Ruhe kommen. Atme sanft ein, denke Liebe und Licht und atme auch in dein Herz hinein. So sage:

»Meine reine Herzenskraft der bedingungslosen Liebe ist da. Mit der goldenen Flamme Salomo. Mein Herz ist rein, stark und voller Licht & Liebe. Mein Licht im Herzen strahlt – es ist mit dem Herzen des Seins verbunden.
Mitgefühl und Mitfreude leben in mir.

Ich würdige mein weibliches Herz.
Es ist mit dem Herzen der großen Göttin verbunden.
Mein weibliches Licht scheint - geborgen im Atem der großen
Mutter.

Ich achte und ehre mein männliches Herz.
Welches mit dem Herzen der Götter verbunden ist.
Mein männliches Licht scheint - geborgen im heiligen Atem.
Mein weibliches und mein männliches Herz sind verbunden und
strahlen als Einheit.

Ich setze die Absicht, die reine, kristalline Herzensenergie aus der
kristallinen Urmatrix der göttlichen Schöpfung in meinem Herzen
zu integrieren. Und in meinen Händen.
Unser aller Herzen sind miteinander verbunden.
Ich empfange das goldene Licht in meinem Herzen und gebe es
ins Leben hinein. Aus meinem inneren Herzensraum kann ich liebende Gedanken, Gefühle und heilsame Energie mit meiner Aufmerksamkeit dort hingeben, wo sie benötigt werden - mit der goldenen Flamme Salomo.

Im Jetzt.
Danke. Danke. Danke.
Zum Wohle aller.«

Atme mit deinem Herzen ein und aus.

(In dem Raum des himmlischen Herzens ist alles vorhanden: »Licht
und Schatten« und die Polaritäten des Weiblichen und Männlichen
- und in ihm geht es weiter bis in die tiefsten Schichten unseres
Herzens, wo das ist, was hinter der Dualität lebt - wo das reine

Sein zu Hause ist – im Raum der Unendlichkeit, der unbeschreiblich schön ist, grenzenlos und frei.)

Fühle dein Herz. Wie es schlägt, Tag für Tag und Nacht für Nacht.

Liebkose es – das Herz der Erde und das des Universums.

Das Herz – es lebt ewig.
Salomo

Gedanken/Freiheit

Nelson Mandela zitierte in seiner Antrittsrede die Aktivistin Marianne Williamson mit den schon oft wiedergegebenen Worten: *"Unsere tiefste Angst ist nicht, dass wir ungenügend sind, unsere tiefste Angst ist, über das Messbare hinaus kraftvoll zu sein. Es ist unser Licht, das uns am meisten Angst macht."*
Unser Licht anzunehmen, bedeutet, die eigene Freiheit wiederzuerlangen. Es geht darum, den Weg der Entschlossenheit und der Entscheidung zu gehen. Wir können frei wählen. Je mehr wir uns von unseren alten, nicht mehr passenden Mustern, Emotionen und Prägungen, auch von kollektiven, verabschieden und in unseren Raum der Liebe gehen, desto freier werden wir.

Öffnen wir uns unseren Ängsten und laden sie ein. Würdigen wir sie mit dem Herzen und durchfluten wir sie mit den hohen Frequenzen der Liebe. Nehmen wir die Angst vor unserer Kraft in unser Herz und setzen wir ihr die Kraft der Dankbarkeit entgegen. Wir können genau zu dieser speziellen Angst, wenn sie denn da ist, sagen: "Danke, dass du hochkommst und ich dich sehen kann. Danke. Danke. Danke."

Alle Emotionen wollen gesehen und anerkannt werden. Wir weiten und entspannen sie dadurch. Sehen wir alle unsere Gefühle als kraftvolle Portale zu unserem spirituellen Erwachen. Also gehen wir auch mit unseren Ängsten los.

Indem ein Mensch sich die Freiheit gibt, das eigene Licht anzunehmen und scheinen zu lassen, gibt dieser Mensch automatisch die Erlaubnis an andere Menschen weiter, dasselbe zu tun. Indem ein Mensch seine innere Freiheit erkannt hat und sein Licht annimmt und scheinen lässt, fängt er auch an, seine äußere Freiheit zu leben. Wie innen - so außen. So schließt sich der Kreis. Wie eine immerwährende Spirale, die sich nach oben hin dreht ... Die inneren und äußeren Fesseln lösen sich auf.

Wir sind alle miteinander verbunden - wechselseitig!
Gemeinsam stärken wir das wahre Licht.
Wir können alle, mehr und mehr, frei und unabhängig sein.

Die goldene Flamme Salomo ist hier, um dich zu erinnern - an dein ureigenes Licht: Sie zündet es in der Tiefe deines Herzens an. Vertraue. Vertraue. Vertraue.

Anrufungen für den eigenen Weg

Ein Innehalten kann so wertvoll für uns sein, um uns zu sammeln und neu auszurichten – um unsere Erfahrungen und Erlebnisse in uns zu bewahren. Ich nenne es die "Juwelenzeit".

Das Nachdenken über sinnvolle Fragen kann uns dabei viel geben. Uns in die Gegenwart bringen – was eine Qualität des weiblichen Weges ist, auf dem es erst einmal darum geht, in sich anzukommen und das anzuerkennen, was da ist – mit dem Herzen.
Hören wir auf, gegen etwas zu kämpfen, sondern stehen wir für etwas auf. Auch wird das, wogegen man kämpft, sonst immer größer ...
Das weibliche Sein lebt in Wellen – gehen wir mit dem Wind!

Beim weiblichen Weg geht es darum, sich für das zu öffnen, was im Moment da ist – es zu sehen, anzuerkennen und zu würdigen. Mit einer Ruhe und Gelassenheit, ohne es gleich verändern zu wollen. Im Inneren mit unseren Gefühlen, Mustern, Gedanken und Fähigkeiten sowie auch mit der Liebe und dem Licht – und im Außen in unserem Leben.

Dabei kann sich unser Sammeln und Neuausrichten immer mehr miteinander verbinden. Wir können unsere "Juwelenzeit" im Leben ausleben und sozusagen nicht auf ein Ziel hinleben, sondern uns tiefer mit dem Leben verwurzeln. Im Augenblick verweilen, in dem jeder Moment eine Veränderung ist – in dem nichts statisch ist.
So können wir ein Innehalten im "Sturm" praktizieren – Entspannung im "Chaos" leben. Wir können überall nährende Momente

erleben, so dass wir immer mehr in eine Entspannung hineingehen und unsere Innenwelt in unser Leben integrieren können.

Schauen wir immer mehr auf das Schöne und Helle! Freuen wir uns mit anderen Menschen mit – es ist so nährend.

Es geht um ein Lauschen, wohin uns das Leben führt. Geben wir uns dem Momentum hin, so dass wir klarer erkennen, was wir wirklich ersehnen.

Auf unserem Weg gehen wir mit unserer inneren Flamme, die uns wie eine Fackel den Weg zeigt – in einem weiblichen Sinne mit einem neuen, selbstbewussten Blick. Wir können leichter Hingabe praktizieren und die große Kraft der Hingabe erleben. *Mehr und mehr können wir unser "wahres Selbst" sein.*

Vertrauen wir unserer weiblichen Fähigkeit, eine unmittelbare Verbindung zu den geistigen Welten (mit ihren verschiedensten Frequenzen) herstellen zu können, und bitten wir um die Unterstützung ihrer reinen Schwingungen. Bitten wir um Unterstützung und vertrauen wir unserer weiblichen Fähigkeit, in die unmittelbare Verbindung zu anderen Schwingungen und der geistigen Welt zu gehen.

Geben wir unsere Visionen ins Leben hinein und ans Leben ab – und handeln wir aktiv, aus unserer Essenz heraus.
Gehen wir den "Weg der Göttin".

Frage dich:

- *Was macht dich glücklich?*
- *Wofür brennst du? Welche Werte sind dir wichtig?*

- *Wo liegt deine Freude, wo deine Leichtigkeit?*

- *Was kannst du aus einer bestimmten Situation, vielleicht auch aus einer sehr schmerzhaften, mitnehmen und wo liegt ihr Geschenk?*

- *Was möchtest du in deinem Leben rocken?*

- *Wo liegt dein Potenzial?*

- *Wohin führt dich deine Sehnsucht? Welches ist dein ureigener Weg?*

Frage dich selbst – die Antworten liegen in dir.

Nimm das goldene Feuer an – es öffnet dir die Tür – zu deiner Kraft.
Hinter der deine Selbstliebe wohnt, mit der alles beginnt.
Lasse dich in dein Vertrauen fallen, in den Ozean deiner Kraft.
Die goldene Flamme symbolisiert deine unbegrenzte Lebenskraft.
Ihre Energie ist grenzenlos – lebe aus der Verbindung zu ihr, wenn du magst. Du kannst aus ihr schöpfen und aus ihr leben.

Lass deine Zentralsonne in dir sein.

ᷡ Anrufung für deinen Weg

Lege deine Hände auf dein Herz, um dich stärker mit deiner Seele zu verbinden. Sammle dich, lächle dich an, wenn du magst, und atme tief ein und aus. Sprich innerlich oder laut:

»Goldene Flamme Salomo, ich bitte dich, scheine in meinem Herzen und erleuchte meinen eigenen Weg. Meine Spuren und Linien. Ich trete bewusst in mein wahres Wesen und in meine Lebensspur hinein. In meine Essenz – in den Raum meines Spirits.

Das goldene Licht strahlt wie ein Scheinwerfer in mein ureigenes Potenzial und erweckt es immer stärker. Mein inneres Feuer ist mein Kompass – meine Lebendigkeit und meine Lebenskraft.

Ich bin mit der Schöpfung verbunden und ich erkenne meine wirklichen Talente, Chancen und Möglichkeiten.
Entdecke und lebe mehr und mehr meine Lebensaufgaben. Ich lebe immer mehr das, was ich wirklich in der Tiefe meiner Seele möchte.

Meine Willenskraft ist gestärkt durch die goldene Flamme Salomo.

Würdige meinen Weg – mit allem Hellen und allem Dunklen. Mehr und mehr schaue ich auf das Helle. Goldene Flamme, ich danke dir für das Ausleuchten und Ebnen meines Weges – den nur ich gehen kann und der in meinem Herzen wohnt.

Im Jetzt.
Danke. Danke. Danke.«

Im Danken steckt Magie und der tiefe Glaube, dass das, wofür du dankbar bist, auch geschieht. Das sollte nicht manipulativ verstanden werden, sondern aus einem tiefen Vertrauen heraus. Indem du daran glaubst und dankst, dass das, wofür du dankst, schon da ist. Es ist in deiner Matrix als Möglichkeit ja schon vorhanden. Es ist eine Qualität der neuen Zeit, unsere Matrixräume immer mehr wahrzunehmen und sie zum Leben zu erwecken. In deiner Zeitachse, die vertikal, nicht horizontal in dir verläuft. Zu dieser Zeitachse, die die Zukunft »in der Zeitlosigkeit« mit deinem Jetzt verbindet, bekommst du durch deinen inneren Raum des Seins einen besseren Zugang.

Mit dem Danken setzt du einen Anker hin zu dem Punkt bzw. zu der Zeit, in der du es erlebst. Im Jetzt, in dem alle Zeiten gleichzeitig vorhanden sind und nebeneinander existieren. Wenn du es geistig empfängst, ist es schon da.
Danke. Richte deinen Fokus darauf und freue dich – die Energie folgt deiner Aufmerksamkeit.

℞ Anrufung für den weiblichen Weg (Weg der Göttin)

Lege deine Hände auf dein Herz und verbinde dich mit deinem Inneren. Atme bewusst ein, lächle dir zu und atme aus. Sage innerlich oder laut:

»Das goldene Licht aus der Quelle strahlt in und aus meinem Herzen und harmonisiert, heilt und stärkt meinen weiblichen Weg. Den Weg meiner Intuition, Kreativität, Authentizität, Sinnlichkeit, Wärme, Entspannung und meiner Leidenschaft. Mit all meinen Unsicherheiten und Unklarheiten – mit meiner Sanftheit und meiner wilden Kraft.

Die goldene Flamme Salomo leuchtet meinen weiblichen Weges aus. Mit all meinen Möglichkeiten und meiner reinen Existenz. Immer mehr tauche ich in die Tiefe meines Lebens ein – in die Präsenz des Augenblicks. Ich danke für meinen intuitiven und natürlichen Weg. Ich vertraue mehr und mehr, meinen Ahnungen und feinen Antennen.

Mein Weg der Göttin ist eingebettet in die weibliche Schwingung der goldenen Flamme Salomo.

Im Jetzt.
So sei es. Danke.«

Atme tief ein und aus.

෬ Für die Verbindung mit deinem ureigenen Platz

Jeder Weg ist unverwechselbar und einzigartig.
Gehe immer weiter in deine wahre Essenz und deine eigene Spur hinein. Nimm dein »Hiersein« an. Der weibliche Weg des Seins lebt in dir.

Verbinde dich mit deinem ureigenen Platz in der Welt.
Dein ureigener Kraftplatz ist: der Ort deiner Geburt, von dem aus du deine Reise in die Welt startest ...
Atme tief ein, halte inne und atme dann aus. Sage, innerlich oder laut:

»Goldenes Licht, das schon immer in meinem Herzen wohnt und das ich auf die Erde mitbrachte, fließe bitte in die Stunde meiner Geburt hinein. Ich nehme meine Geburt an. Ich würdige sie. Ich nehme mein Hiersein an.
Mein Leben auf Erden. Genau zur »richtigen Zeit«, an dem »richtigen Ort« mit den »richtigen Eltern« bin ich geboren. Ich nehme mich in meinem innersten Wesen an, genau so, wie ich bin, mit dem goldenen Ursprungslicht.
Ich trete bewusst in mein wahres Wesen, auf meinen Platz und

trete bewusst aus allem, was nicht zu mir gehört, heraus. Mit einer Freude und einer Leichtigkeit. Ich bin ich.

Im Jetzt.
Danke.«

Atme Stille ein und atme Stille aus.

All deine Begegnungen, Erfahrungen, Beziehungen, Momente ... jede Berührung, jeder Kontakt, jedes Buch, jeder Film, jeder Tag und jede Nacht ... sind wie Mosaiksteine, die dich immer weiter auf deinen Pfad führen.

Alles ist für dich – schaue dahinter – sieh die Liebe.

Es kann ein so schönes und befreiendes Gefühl sein, wenn wir uns immer mehr auf unserem eigenen Weg befinden – wenn er auch oft nicht schnurstracks geradeaus verläuft. Zumeist erfolgt er spiralförmig – um sich, Schicht um Schicht, aus sich selbst herauszuschälen – wie eine Zwiebel. Gehe deinen Weg und sei dir selbst treu.

Vereine deinen inneren Weg mit deinem äußeren Weg.

Lege deine Hände auf dein Herz und verbinde dich mit deiner Innenwelt.
Atme tief ein, halte inne und atme dann bewusst aus.
Sage laut oder innerlich:

»Was in meinem Inneren ist und ich mit der Welt teilen möchte, gebe ich in mein Leben. Mit der goldenen Flamme übergebe ich meinen inneren Pfad in meine Präsenz – ins Hier und Jetzt.

Mein Innen stärkt mein Außen – mein Außen stärkt mein Innen.
Ich zeige mich. Auf meinem Weg. Mit meiner wahren Natur. So, wie ich bin. Ich würdige meinen ureigenen Weg. Den nur ich gehen kann.
Mein Weg wird immer leichter und erfüllender.

Danke. So sei es.
Atme Leichtigkeit ein und atme Leichtigkeit aus.«

Dein Weg – er ruft dich.

Atme ein und empfange das Leben – atme aus und zeige dich der Welt.
Empfangen und geben – so ist der heile Kreislauf.

Gehen wir den Weg unserer Seele und gelangen wir immer mehr in eine emotionale Freiheit und einen inneren Frieden.
Das Rad unseres Kreislaufs zieht seine Linien.

»Zeige dich, wie du bist, oder sei, wie du dich zeigst.«
Rumi

Körper – Tempel der Weiblichkeit – Plejadenschwingung

Gedanken/Körper

Ein Liebesgedicht für dich:

Mein Körper – mein Gefährt hier auf Erden.
Wie liebe ich dich – mein Körper – genau so,
wie du bist.
Von innen und außen liebe ich dich.
Ich tauche in dich ein und fülle dich ganz aus mit
meinem goldenen Licht.

Entfache mit der goldenen Flamme Salomo mein
Herzensfeuer, mein Ursprungslicht.

Funkensprühend zünde ich in jeder einzelnen Zelle
meines Körpers das Licht an, welche im kleinsten
Atom ja Licht ist.
So schließt sich der Kreis.

Tanzend umarme ich dich.
Und fühle dich – mit jeder Faser meines Seins, hab'
solch eine Sehnsucht, ganz in dir zu sein. Dich von
innen zum leuchtenden Symbol meiner Freiheit zu
machen.

Meiner Freiheit hier auf Erden zu sein – in jedem
Moment.
In tiefer Stille – voller Leichtigkeit und Kraft – den
Schrei des Universums fühle ich in mir. Du bist –
ich bin, ich bin, ich bin ...
Mein Feuer lebt in mir.
Ich brenne – für mich, für dich, für dich, für dich ...
Geliebter Körper. Verzeihe mir. Ich umarme dich,
wie ich dich liebe.

Mein Körper – der aus uraltem Sternenstaub besteht – du bist.
Ich segne dich – mein Körper.

Unser Körper ist ein Wunder – in ihm lebt ein Zauber.

Ehren wir unsere Körper, in ihnen sind wir mit dem Körper von
Mutter Erde verbunden – mit dem Körper des Universums.
Tauchen wir ein in das Mysterium unserer Verkörperung.
Wir sind von derselben Ursprungskraft erschaffen, die ganze Pla-
neten und Universen hervorbringt: die universelle Lebenskraft.

Unser Körper ist ein Teil unseres Bewusstseins – unser Tempel
hier auf Erden, und wir können ihn gar nicht hoch genug wertschätzen. Würdigen, schätzen und lieben wir ihn. Bis in die

kleinste Körperzelle lebt unser Licht, und in jeder Zelle spiegelt sich unser Körper, unsere Seele und unser Geist im Kleinen.

Je bewusster wir unseren Körper wahrnehmen und in ihm ankommen, desto größer ist unsere körperliche Präsenz und desto mehr können wir eine geerdete, kraftvolle Spiritualität leben und unseren Spirit in unseren Alltag holen. Sehen wir in einem guten Körpergefühl einen Anker zur Gegenwart und verwurzeln wir uns.

Unser weiblicher Körper trägt die große Gabe des Empfangens und des Gebärens von Leben in sich. Mit diesem heiligen Geschenk leben wir die Verbindung zur großen Göttin - zum weiblichen Mysterium. Sehen wir unseren Körper auch als einen weiblichen Tempel an - mit all seinen Sinnesempfindungen und Wahrnehmungen. *Ehren wir in unseren Körpern die große Mutter!*

Stärke dein Körpergefühl mit der weiblichen Schwingung der goldenen Flamme Salomo - und lass deine Lebenskräfte und Lebenssäfte immer stärker in deinen Körper fließen. Komme so mehr und mehr in deine körperliche weibliche Urkraft - die Shakti-Kraft.

Achte auf deine Körperempfindungen und versuche, die Sprache deines Körpers immer besser zu verstehen. Sie ist ehrlich und zeigt sich in unseren Körpersymptomen, mit denen er uns aufzeigt, wo wir uns auf unserem Gesundungsweg befinden und welche Emotionen und Muster wir anschauen und transformieren können. *Bewohnen wir unseren Körper mehr und mehr mit unserer Seele!*

Je mehr wir unseren Körper in Besitz nehmen, ihn mit höherstehenden Energien neu aufbauen und immer präsenter sind, desto mehr kommen wir dem inneren Sein ins uns näher und desto mehr können wir unseren Wesenskern erkennen: Wir sind mehr als unsere Körper. Wir gelangen mehr und mehr in das Feld unserer natürlichen Heilung. *Wir sind immer mehr als unser Körper.*

Mit unserer Körperarbeit, die unsere Spiritualität bis in jeden Knochen hineinholt, kommen wir unserem körperlichen Sein immer näher und dadurch auch dem universellen Sein.
Unser Körper ist auch ein Portal zu den göttlichen Welten.

Nehmen wir unseren Körper aus dem Raum des Lichts wahr – dem Feld unserer natürlichen Intelligenz, unserer tiefen Präsenz. An diesem Ort können wir ihn mit der Unterstützung von universellen, göttlichen Energien beeinflussen, harmonisieren und heilen. In jedem Moment ist Veränderung möglich, indem wir uns mit der Schöpfung verbinden, eine bestimmte Absicht setzen, visualisieren und unsere Schwingung erhöhen.

Wir können die Stammzellen des Körpers aktivieren, die die Verbindung von Himmel und Erde in sich tragen; sie sind unsere körperliche DNS. So können wir immer mehr werden, wie wir eigentlich gemeint sind, so dass unsere physische Form immer mehr unser geistiges Potenzial widerspiegelt.

Durch die starke Transformationskraft der Energiearbeit kann es "Geburtswehen" geben. Denn wir "gebären" uns mit der Anbindung an die hohen Frequenzen nach und nach neu. Mit stärkeren Selbstheilungskräften, die wir alle in uns tragen!
Komme bei deiner Heilarbeit auch immer wieder zur Ruhe, um durchzuatmen und dir Zeit zu nehmen für die Beziehung zu deinem Körper und die Integration der neuen Energien in ihm. Oft bringt die Heilarbeit eine große Entwicklung mit sich, und es ist eine Zeit der Umstellung und Neuorientierung, in der sich auch der Körper mit verändert. Vor allem in unserer heutigen Zeit scheint alles in einem Wahnsinnstempo zu passieren.

Aufgelöste seelische Prozesse können sich manchmal auf die körperliche Ebene verschieben, bevor sie aus unserem System gehen. Der Körper hinkt manchmal ein wenig hinterher ☺, bis er zum "freien Körper", zu unserem "Traumkörper" wird.

Der freie und heile Körper: Er lebt schon in dir.

Chille, bewege dich. Tanze. Kreise dein Becken. Fühle deine Fußsohlen. Massiere dich. Umarme dich. Berühre dich. Strecke und recke dich. Küsse dich. Schlafe. Träume. Lausche dem Leben. Sei.

Vertraue deinem Körper, der das Wissen in sich birgt, wie er heilt.

In deinem Körper mehr und mehr anzukommen, ist ein intimer und sehr nährender Weg. Ein ehrlicher Weg.

Schenke deinem Körper das Licht deiner Aufmerksamkeit und sieh dich mit den Augen deiner Liebe. *Sieh dich – mit deinem Licht.*
Du bist ein Wunder.

> *"Deine Hand öffnet und schließt sich und öffnet und schließt sich. Wäre sie stets offen oder stets geschlossen, du wärst gelähmt. Dein tiefstes Dasein ist in jedem kleinen Zusammenziehen und Ausdehnen so vollkommen ausgewogen und aufeinander abgestimmt wie Vogelschwingen."*
>
> Rumi

Anrufung für den Körper

In unserem Körper lebt Magie – die Magie unserer Liebe, die Magie unserer Weisheit, die Magie unserer Heilung und die Magie unseres Universums.

Unser Körper ist verwundbar – nehmen wir genau das an und umarmen ihn in seiner Zartheit, Kraft und Süße. Genau unsere Verwundungen und »krummen Äste« machen doch unsere Einzigartigkeit aus.

Unser Körper dient als Sprachrohr unserer Seele. Lauschen wir ihm, so dass er unser bester Freund ist. Wie kann er sich zeigen und ausdrücken – als ein Teil der Göttlichkeit (die in jedem einzelnem Atom ist, als Teil der universellen Lebenskraft)?

Lausche auf die Stimme deines Körpers ... Was flüstert sie dir zu?

Ich möchte dich dazu einladen, als Erstes deinen Körper wahrzunehmen, anzunehmen und zu ehren, wie er im Moment ist: aus deinem wertfreien Raum im Herzen. Atme und spüre in dich hinein, was du genau in diesem Moment fühlst. Welche körperlichen Empfindungen du hast. Nimm sie wahr, atme in sie hinein und gib ihnen einen Raum. Durch dein Gewahrsein allein kannst du immer tiefer in deinen Körper eintauchen.

☙ Für eine höhere Schwingung deines Körpers:

Lege deine Hände bewusst auf deinen Körper und nimm ihn wahr. Fühle die Unterlage, auf der du sitzt oder liegst. Spüre deine Füße und deine Fußsohlen – sie erden dich. Atme tief ein, sammle dich und atme tief aus.

Komme immer mehr in deinem Körper an. Stelle dir vor, dass du mit deinem Einatmen Lebensenergie aufnimmst und sie mit deinem Ausatmen (zum Teil) in deinen Körper lenkst. Atme Lebensenergie ein und schicke sie in deinen Bauch hinein, um immer mehr in deiner Körpermitte anzukommen.

Sprich laut oder innerlich:

»Goldene Flamme Salomo, ich bitte dich, scheine in meinem Herzen, in meinen Händen und in meiner Aura. Mein Ursprungslicht leuchtet in meinem Herzen und in jeder Zelle meines Körpers. Mein Körper füllt sich immer mehr mit der Schwingung von Licht und Liebe auf. Mein Körpergefühl stärkt sich mit ihrer Energie.

Ich würdige meinen Körper und verbinde mich von ›innen her‹ mit meinem Körper und verbinde ihn mit meiner Seele und meinem Geist. Ich bin mit dem Körper der großen Mutter verbunden.
Mein Körper ist genau so, wie er ist, vollkommen.

Die Magie meines Körpers erscheint immer mehr.
Meine Lebensenergie stärkt sich mit der goldenen Flamme Salomo und fließt freier in meinem Körper.

Im Jetzt.
Danke. Danke. Danke.
So sei es.«

Atme deine Körperkraft ein, halte inne und atme deine Körperkraft aus und gib sie ans Leben weiter.

Lasse zu, dass sich dein Körper immer mehr von alten, belastenden Strukturen trennen und höher schwingen kann. So dass er seine volle Kraft und Energie entfaltet – heil und ganz wird.
Sage ja zu deinem Körper – genauso, wie er im Moment ist. Schon viel hat er dir gegeben – schon viel habt ihr miteinander erlebt.

℘ Für eine Heilung des Körpers

Atme tief ein und aus und verbinde dich mit deinem Körper. Lege deine Hände bewusst auf deinen Körper – eine Hand auf dein Herz und die andere Hand auf deinen Bauch oder deinen Solarplexus. Atme Lebensenergie eine und lenke sie mit deiner Aufmerksamkeit in deinen Körper.
Sage innerlich oder laut:

»Ich verbinde mich mit der Schöpfung. Goldene Flamme Salomo, ich öffne mich für deine Heilungsenergien und stelle sie an. Mein Körper harmonisiert und balanciert sich mit deinen Energien aus, die in jede einzelne Zelle fließen, bis in die Zellkerne und die Zellzwischenräume.

Goldene Flamme Salomo, initiiere bitte deine heilende Energie in meinen Heilungspunkten (die genau in der Mitte der Handinnenflächen liegen). Ihr Licht strömt aus meinen Händen in meinen Körper. Ich lege meine Hände auf die Stellen meines Körper, die heilsame Energien benötigen. Solange es sich gut und stimmig anfühlt,

lasse ich die heilende Schwingung von Licht & Liebe aus meinen Händen in meinen Körper fließen.
Sie heilt und reinigt meinen Körper und hebt ihn auf eine höhere Schwingungsebene.

Alles, was mein Körper loslassen kann, lasse Ich in Mutter Erde fließen – tief in den Erdmittelpunkt hinein, bis ich mich leichter und freier fühle. Die goldene Flamme füllt die Stellen, aus denen verbrauchte Energie aus meinem Körper herausgeflossen ist, wieder mit hohen Schwingungen auf. Sie fließt in mein Gehirn, in mein Unterbewusstsein, in meine Wirbelsäule und in mein Immunsystem. Harmonisierung und Transformation geschehen – mit dem goldenen Licht aus der Quelle.

Ich aktiviere die Stammzellen meines Körpers – mit der goldenen Flamme.

Ich visualisiere meinen Körper in dem Zustand meines ›Traumkörpers‹ – und verankere dieses Bild mit dem Gefühl, das ich dabei empfinde, im inneren Kern meines Herzens (in meinem Raum des Lichts). Die goldene Flamme Salomo füllt mit ihrer erschaffenden Energie meinen Körper von innen auf und formt ihn neu – in einer großartigen Art und Weise.

Das Feuer meines Körpers lebt – ich lebe meine eigene Körperlichkeit.

Im Jetzt.
Danke. Danke. Danke.«

Atme tief ein und aus.

Gold ist die stärkste Schöpfungsfarbe und Heilfarbe hier auf Erden – die Farbe der reinen, göttlichen Liebe. Die Farbe der Fülle und der Einheit. In jeder Zelle schwingt und vibriert es – das Gold.

♋ *Für die weibliche Natur deines Körpers*

Eine neue Sinnlichkeit kann immer mehr in dir entstehen ... Sage ja zu deinem weiblichen Körper (mit deinen weiblichen Kurven und Formen), der ein Symbol für dein feminines Sein ist. Für dein Empfangen und deine gebärende Kraft.

Öffne dich für alle deine Sinne – sie sind in dir, in deinem natürlichen »Frausein«, verwurzelt. Dein weiblicher Körper ist ein Körper der (inneren) Verbindungen und geometrischen Formen, der in Wellen lebt.

Lege deine Hände auf deinen Körper und atme tief ein und aus.

Fühle deinen inneren Kontakt mit deinem Körper und mit deiner Präsenz. Spüre in dein Becken hinein, in dem deine weibliche Stärke, deine weibliche Urenergie, deine Shakti-Kraft, liegt. Sie will immer mehr hervorkommen. Verbinde dein Becken mit deiner Atmung.

Lege deine Hände auf deinen Unterkörper und atme tief ein und aus. Schicke mit deiner Aufmerksamkeit Lebensenergie in dein Becken hinein.

Sage innerlich oder laut:

»Ich verbinde mich mit der weiblichen Schöpfungsenergie. Die Flamme des Weiblichen scheint mit der goldenen Flamme von Salomo, die eine weibliche Lebenskraft ist. Mein sinnlicher und wacher Körper ist da.

Ich nehme die Mineralien und Spurenelemente von Mutter Erde an und integriere sie in mir. Das Wasser meines Körpers ist vollkommen – mein gesamter Flüssigkeitshaushalt gleicht sich mit dem goldenen Licht der Quelle aus. Die Kristalle in den Wasseranteilen meines Körpers werden mit lichtvollen Energien durchströmt.

Meine Bewegungen sind fließend und weich und kommen immer mehr aus mir selbst heraus – mit der Anbindung an die Quelle. Mein Körpergefühl stärkt sich mit der weiblichen Schwingung von Licht & Liebe.

Das Licht und die Stärke in meinem Becken wachsen mit meiner Präsenz im Körper. Ich spüre meine Weiblichkeit, die in mir lebt. Ich würdige meine urweiblichen Seiten. Ich bin in meiner Körpermitte verankert.

Ich achte und ehre meinen weiblichen Körper mit der goldenen Flamme Salomo. Meine weibliche Natur erscheint immer mehr. Ich komme in meinem Körper an – und bin geborgen im urweiblichen Sein. Ich segne meine weibliche Verkörperung.

Ich verbinde mich mit den Alchemiekräften der Göttinnen. Mit der Shakti-Kraft, meiner weiblichen Urkraft, bin ich verbunden. Meine Lebensenergien fließen freier in mir.

Ich bin geborgen im Körper der großen Göttin.

Mein Köper ist weicher, fließender und leuchtender – mit dem goldenen Quellenlicht – das Feuer meiner Weiblichkeit scheint.

Im Jetzt.
Danke. So sei es.«

Atme Weichheit, Wärme und Weite ein und atme Weichheit, Wärme und Weite aus und gib sie so weiter, in den universellen Kreislauf hinein.

Dein Sinne werden durch das gold-orange-rote Licht gestärkt. Du hörst, siehst, fühlst – neu! Mit deinem natürlichen Körper, der aus sich selbst hervorkommt.

Indem wir unsere Körper heilen, wirkt sich das auch auf die Heilung des Körpers der Erde aus. Die Erde ist ein Körper & ein Wunder.

»Es gibt zwei Arten zu leben, entweder so, als wäre nichts ein Wunder, oder so, als wäre alles ein Wunder.«

Albert Einstein

Mein Weg ...

"Du bist ein Wunder."
Salomo

Einst spazierte ich so vor mich hin und sah den Sonnenschein ...
und pitsch, patsch, hüpfend im Schnee, fiel ich in ihn hinein ...
und lachte.

Einst dachte ich, ich könnte fliegen, wenn ich einfach nur die
Arme ausbreite. Doch dann merkte ich, je tiefer es ging, desto
höher flog ich.

Ich summte vor mich hin:
Sag ja – zu all deinen Verrücktheiten. Sag ja – zu der Wut in dir
drin.

Sag ja – zu dem Wunder in dir. Sag ja – zu all deinen Fehlern. Sag
einfach ja zu deinem Spiegelbild. Sag ja – zu dem Wunder in dir.

Erst dachte ich, ich bin ihm so nah, wenn ich ihn halte ... nur
halte. Doch dann merkte ich, je mehr ich hielt, desto ferner war
er.
Erst dachte ich, ich werde so sehr gemocht, wenn ich das Rot-
käppchen bin. Doch dann merkte ich, je mehr ich den bösen
Wolf spiele, desto lieber hab ich mich.

Dann passierte es: Stöhnend rang es mich nieder.
Und: verdorbene Wolken, hoch oben – atmend zu erleben.

Sag ja – zu deinen kaputten Liebschaften. Sag ja – zu deiner Traurigkeit. Sag ja – zu dem Wunder in dir.
Sag ja – zu all deinen verpassten Chancen. Sag ja – zu deinem allergrößten Traum.

Oh yes ... ich sag ja – zu dem Wunder in mir.

Gedanken/Plejaden

Seit einigen Jahren kommen die Plejaden immer stärker in unser kollektives Bewusstsein hinein. Ihre Anziehungskraft auf uns wird immer größer ...

Die Plejaden sind eine Sternengruppe, ein offener Sternenhaufen, der mit bloßem Auge gesehen werden kann. Sie bestehen aus vielen hundert Sternen, wobei sie sieben Hauptsterne haben, um die sich die weiteren, unzähligen Sterne gruppieren. Die reine, höchste Sternenenergie leuchtet aus ihnen.

Die alten Ägypter hoben die Plejaden als eine weibliche Gottheit empor – als unser aller "göttliche Mutter". Laut den Mayas befinden wir uns genau jetzt (in der "neuen Zeit") – in einem übergeordneten Sinn – in dem Zeitalter der Plejaden, in dem das neue vereinigte Quellenlicht, auch vereinigtes Christuslicht genannt, das von den Plejaden ausgeht, mit neuen Strukturen auf der Erde verankert wird. In der unendlichen Liebe, die die Plejaden ausmacht. Auf ihnen existiert nur die bedingungslose Liebe mit dem reinen Herzen.

In dem Licht der Plejaden sind die Weiblichkeit und die Männlichkeit vereint. So unterstützen sie uns, unsere beiden Seiten immer mehr auszubalancieren und einander anzunähern. In der biblischen Mythologie werden die Plejaden mit dem Symbol der Taube dargestellt, die für die Erweckung und Neuausrichtung der Natur im Frühling steht.

Wie können wir uns heute mit den Plejaden verbinden, und was können sie uns geben? Was fasziniert uns so an ihnen? Ist es nicht

*genau diese reine Liebe, die sie verkörpern und nach der wir uns
alle sehnen?* Diese reine Schwingung, an die wir uns "rückerin-
nern", die wir intuitiv erfassen und die wir gerne in uns zum
Leben erwecken bzw. wiedererwecken möchten? *Sprechen die
Plejaden unsere tiefe Sehnsucht an – die Sehnsucht, unser wahres
Licht zu leben?*

Die Plejaden sind eine Art natürliche Heilquelle und die Verbindung mit ihren hochstehenden Energien kann uns in der Tiefe
heilen und transformieren. Ganz konkret und praxisbezogen können wir ihre Energie in unserem Alltag nutzen. Unsere Seele
blüht auf, unsere mentale Kraft wird fokussierter und klarer und
wir stärken unsere Körper neu. Indem wir uns heilen und transformieren, unterstützen wir auch das Kollektiv und Mutter Erde:
Gaia. Die Verbindung unter den Planeten, den Sternen und allen
Himmelskörpern – sie schreitet unaufhörlich voran.

Die Plejaden helfen bei dem Prozess der Umstrukturierung (um
unser Bewusstsein zu erhöhen), in dem wir uns gerade befinden
und der allerdings nicht ohne Chaos und Verwirrung vonstatten-
geht. Daher unterstützen sie uns bei unserer Umpolung und der
Neuausrichtung unserer Werte.
Der Evolutionsprozess in uns und auf Gaia ist in vollem Gange.
Es kann sehr eigenartig anmuten, da das "Alte" noch nicht ganz
weg und das "Neue" noch nicht ganz da ist.
Wir befinden uns gerade im Umbruch – auf dem Weg sozusagen ... Agieren auf vielen Ebenen gleichzeitig und meistern dazu
unser Alltagsleben, unser soziales und spirituelles Leben.

Wir werden sehr geliebt und geehrt von den geistigen Welten!
Die Plejaden sind unsere größten Freunde und unterstützen die
Erde und jeden Einzelnen von uns – es ist so genial und schön.

Sie erinnern uns daran, wer wir wirklich sind und dass alle Antworten in uns verborgen liegen. *Unser uraltes Wissen, es ist in dir.* Du kannst einen immer stärker werdenden Zugang dazu bekommen – zu deiner Intuition und deinen natürlichen Urinstinkten. Vertraue ihnen – *du hast alles in dir und trägst den Schlüssel zum Glück in dir. Schließe das Schloss auf! Deine Seele – sie weiß.*

Hast du vielleicht auch ein Gefühl in dir von "Nach-Hause-kommen", wenn du dich mit den Plejaden verbindest?
Diese reine Sternenenergie – ja, sie lebt auch in dir und offenbart dir dein wahres Wesen. Du – eine Prinzessin, ein Prinz des Lichts.

Maia-Meditation
für deine weibliche Naturkraft

Maia ist einer der sieben Hauptsterne der Plejaden. Die *goldene Flamme Salomo* ist ein Tor in die wundervollen Welten der reinen, hohen Schwingungsebenen und vermittelt zwischen den verschiedenen Himmelskörpern, auf denen die Schwingungserhöhungen immer weitergehen ...

Wie eine Blume öffnet sich die goldene Flamme in den Himmel hinein. Wir können uns mit ihrem Portal leichter und stärker mit den heilenden Energien von anderen Planeten und Sternen verbinden.

Die Maia-Energie ist eine stark vibrierende und glitzernde Sternenenergie. Sie unterstützt speziell die weiblichen Essenzen unserer Natur und hebt die kraftvolle Strahlkraft unseres Sein auf eine höhere Ebene. Ihre Schwingung ermöglicht die Aussöhnung unserer beiden Pole, da in ihr die weiblichen und männlichen Seiten miteinander verschmolzen sind. Dadurch können wir diese Felder in uns immer mehr harmonisieren und ausgleichen – und den Raum hinter der Polarität erforschen. Unser hormonelles Gleichgewicht herstellen und eine innere Ruhe, Erneuerung und Freiheit fühlen.

Die Sternenenergie leitet die verbrauchten Energien aus uns heraus und füllt uns mit ihrer reinen Liebesenergie wieder auf.

✁ Meditation

Lege oder setze dich an einen für dich schönen Ort. Komme zur Ruhe. Atme bewusst ein und aus. Fühle, wie sich dein Brustkorb hebt und senkt. Nimm deinen Körper wahr, wie er sitzt oder liegt und in Kontakt mit dem Boden, Sofa oder Ähnlichem ist. Lege deine Hände auf deinen Körper und nimm ihn wahr. Begib dich mit deiner Aufmerksamkeit in deinen Körper.
Spüre ihn von innen und nimm bewusst die Berührung deiner Hände wahr.

Atme goldenes Licht ein und aus, lache dich innerlich an und atme das goldene Licht in deinen Körper, in deine Aura und in dein Leben hinein.
Sprich innerlich oder laut :

»Danke, goldene Flamme Salomo, ich bitte dich, in meinem Herzen zu erscheinen und mit meinem eigenen Licht in meinem Herzen zu verschmelzen.
Mein göttliches Herzenslicht scheint.
Sanft fühle ich meinen weiten, unendlichen Raum der Liebe.

Ich setze die Absicht, dass die goldene Flamme Salomo mich mit der Maia-Energie von den Plejaden verbindet.
Die Maia-Sternen-Energie ist eingeschaltet.

Ich bin ein reiner, klarer Kanal für die heilende, wärmende und erneuernde Energie von Maia – deren Energie in verschiedenen Rottönen leuchtet. Mein Körper, meine Seele und mein Geist füllen sich mit der Maia-Energie auf und balancieren sich aus.

Im Jetzt
Danke. Danke. Danke.«

❧ Anrufung für die weibliche Naturkraft

Atme die Maia-Energie ein. Lächle. Atme die Maia-Energie aus. Lächle.
Verbinde dich mit deiner Atmung immer tiefer mit deinem Körper.

Atme tief ein und aus und schicke deinen Atem in deinen Unterbauch, in dein Becken. Lege deine Hände bewusst auf deinen Körper.
Sage:
»Ich sehe vor meinem geistigen Augen den roten Farbenstrauß der Maia. Aus meinen Herzen und aus meinen Händen strömt die reine Sternenschwingung der Plejaden. Ich bitte diese heilenden Energielichter, in meine einzelnen Zellen zu strahlen – bis in jeden einzelnen Zellkern hinein.

Mein Hormonsystem heilt und balanciert sich mit der Maia-Energie der Plejaden aus. Das Drüsensystem meines Körpers harmonisiert und transformiert sich. Die Maia-Energie erneuert und verjüngt mich auf meiner tiefsten Zellebene. Mein Becken wird von der Maia-Energie durchflutet.

Ich bitte die Maia-Energie, meine weibliche Urkraft aus mir hervorzuholen, meine Urinstinkte, meine natürliche weibliche Intuition und mein wahres weibliches Sein. Meine weibliche Naturkraft und mein uraltes Sternenwissen erwachen in einem neuen Licht.

Meine reine Liebe der Plejaden – sie ist da. Ich würdige meine weibliche Ahnenreihe. Die Weiblichkeit meiner Ahninnen heilt mit der Maia-Energie. Ich nehme die weibliche Stärke meiner Ahninnen an. Mit der Maia-Energie bin ich mit der weiblichen Schwingung im All verbunden.

Meine weibliche Naturkraft und mein uraltes Sternenwissen erwachen in einem neuen Licht. Meine Seinsstärke – sie ist da. Die reine, aussöhnende Liebe der Plejaden – sie ist da.

Im Jetzt.

Danke.«

Atme Liebe ein und atme Liebe aus.

Sei zum einen stark verbunden mit dem Kosmos und zum anderen tief verbunden mit Mutter Erde. Weite dich, dehne dich aus und umarme deinen fließenden, weichen Anteil. Nimm deinen Raum ein. Sei bei dir und von dort in Verbindung zu anderen und zu allem, was ist. Sei bei dir. Von innen verbunden mit den flexiblen Linien deines Körpers und seiner Weichheit und Beweglichkeit. Du bist verbunden. Verbindung ist – mit allem.

Übung für mehr Sicherheit im Körper

Wann immer du möchtest, kannst du dir einen inneren Sicherheitsort kreieren. Dazu denke bitte an etwas, was dir ein schönes und nährendes Gefühl vermittelt:

- an ein Erlebnis – an einen Ort – eine Reise – eine Begegnung oder an einen Menschen – an eine historische Gestalt oder eine kosmische – oder auch an einen Phantasieort, an dem du dich sicher und angenommen fühlst.

Wenn du dich gedanklich verbindest, solltest du ein schönes Gefühl, voller Wärme und Sicherheit oder weitere wohlige Gefühle fühlen.

Fühle diese Sicherheit und Entspannung mit all deinen Sinnen und bestimme diese Erinnerung mit den dazugehörenden Gefühlen zu deinem Wohlfühlort. Zu dem du immer Zugang hast und mit dem du dich immer verbinden kannst.

Setze dazu nun mit der goldenen Flamme Salomo und der Maia-Energie einen Anker für deinen Wohlfühlort in dir. Denke dafür an deinen Herzensinnenraum und gehe tief in ihn hinein. Hier ist der Ort, wo alles gut ist. Wo du sicher und geborgen bin. Verbinde ihn mit dem vorher bestimmten Wohlfühlort.

Atme dafür tief ein und aus und drücke deinen Daumen und deinen Mittelfinger zusammen. Fühle dich dabei tief mit dir und deinem Herzensinnenraum und mit der Erinnerung an deinen Wohlfühlort verbunden. Es ist dein Sicherheitsort.

Sage:

»Ich verbinde mich mit der Schöpfung.
Und verankere meinen Sicherheitsort in mir auf allen Ebenen meines Seins. Mit der bunten, roten Maia-Energie der Plejadensterne und der goldenen Flamme Salomo.

Im Jetzt.
So sei es.
Danke.«

Atme Geborgenheit tief ein, lächle und atme Geborgenheit aus.

Immer, wenn du es brauchst, kannst du dich mit deinem Sicherheitsort (in dir) verbinden – indem du deinen Anker, die zusammengehaltenen beiden Finger, Daumen und Mittelfinger, hältst. So hast du in dieser stürmischen Zeit, die sich so schnell verändert, einen Anker für deine innere Sicherheit, um dich gestärkt und voller Freude in die »Unsicherheiten des Lebens« zu begeben.

Alkione-Energie zur Stärkung der Nerven

Wir kommen zu einer weiteren praktischen Übung, um uns mit den heilsamen Energiefrequenzen der Plejaden zu verbinden, genauer gesagt mit der reinen Schwingung von Alkione. Alkione ist ein Stern der Plejaden, der hellste Stern.

Die goldene Flamme Salomo ist, wie beschrieben, ein Portal und Vermittler im All zwischen den verschiedenen Ebenen, Planeten und "Welten", und wir können mit unserer bewussten Anbindung an sie leichter mit den heilenden Energien von anderen Himmelskörpern in Kontakt kommen.

Die Alkione-Kraft birgt die reine Energie der bedingungslosen Sternenliebe in sich.
In dieser hochschwingenden Frequenz sind auch unsere ursprünglichen DNS-Stränge in ihrer Ganzheit enthalten sowie unsere göttliche Blaupause – die sich auf unserer körperlichen Ebene in unseren Stammzellen befindet. Diese Sternenschwingung harmonisiert unseren Körper und unsere Aura, hebt uns auf eine höhere Schwingungsebene und unterstützt unser Nervensystem.

✍ Übung für die Verbindung zur Alkione-Energie:

Setze dich an einen für dich schönen Ort. Komme zur Ruhe. Sammle dich und genieße die Zeit, die du mit dir selbst verbringst.

Schenke dir ein inneres Lachen. Atme bewusst ein und aus. Sei da. Fühle, wie sich dein Brustkorb mit jedem Atemzug hebt und senkt. Fühle deinen ganzen Körper, wie er sitzt oder liegt und in Kontakt mit dem Boden, Sofa oder Ähnlichem ist.

Lege deine Hände auf deinen Körper und begib dich mit deiner Aufmerksamkeit in deinen Körper hinein. Spüre ihn von innen. Und fühle deine Aura um dich herum. Atme tief ein und aus. Nimm deinen Atem bewusst wahr. Dein Atem verbindet dich mit deinem Körper und beseelt ihn. Er ist wie eine Brücke, um Körper, Seele und Geist zu verbinden.

Lege deine Hände auf dein Herz und sprich innerlich oder laut:

»Ich begebe mich in ein geistiges Heilungszentrum der Plejaden.

Flamme Salomo, ich bin ein reiner Kanal für die goldene Flamme Salomo und verbinde mich mit ihr. Sie initiiert meine eigene Flamme meines Herzens, so dass sie immer klarer und stärker in mir brennt. Mein Herzensfeuer scheint.

Ich bitte um eine Heilung mit der reinen Sternenenergie und setze die Absicht, dass die goldene Flamme mich mit der Alkione-Energie der Plejaden verbindet. Ich bin ein reiner Kanal für die heilsame, beruhigende und stärkende Energie von Alkione und schalte die reine Sternenenergie an.

Meine Nerven harmonisieren und stärken sich mit der reinen Plejadenschwingung. In meine Wirbelsäule und in mein Gehirn fließen die heilsamen Plejadenströme. Die Stammzellen meiner Nerven, die Stammzellen meiner Wirbelsäule und die Stammzellen meines Gehirns werden von der Sternenschwingung von Alkione aktiviert.

Die reinen Sternenenergien strömen in meine Aura. So lange, wie es sich für mich gut und stimmig anfühlt und meine Aura mich wie ein schützendes Ei umgibt.

Nun lasse ich die Sternenenergie, die sich in den unterschiedlichsten Farben zeigen kann, oft in einem tiefen Blau mit einzelnen Diamantstrahlen, von oben durch meinen Kopf und von meinen Händen, die auf meinem Körper liegen, in meinen Körper fließen. Mit meiner Aufmerksamkeit gehe ich mit der Alkione-Energie durch ihn hindurch. Ich lasse mir Zeit dazu – so lange, wie es sich für mich stimmig anfühlt.

Ich scanne meinen Körper von innen mit meinem geistigen Auge mit der hochschwingenden Plejadenenergie. Die Energien, die nicht mehr dienlich für mich sind, werden so mit der reinen Sternenenergie ausgeleitet, und mein Körper wird dabei automatisch mit der hohen Schwingungsenergie der Plejaden wieder aufgefüllt.

In die gesamten Stammzellen meines Körpers fließt die Alkione-Plejaden-Energie. Ich würdige meine göttliche Blaupause. Ich spüre meinen Körper bewusst von innen und scanne ihn – ich gehe durch meinen gesamten Körper – bis tief in die Erde zum Erdmittelpunkt. Ich verbinde mich mit dem Erdmittelpunkt – ich bin geerdet und ganz hier.

Ich bade in der reinen Sternenliebe der Plejaden – ich werde von ihr unterstützt, gesehen und gehalten. Bin immer klarer in meinem Körper präsent und komme mehr und mehr in meinem Leben an. Ich bin gut mit mir verbunden.

Im Jetzt.
Danke. Danke. Danke.

So sei es.«

Atme die reine Sternenliebe ein und atme die reine Sternenliebe aus.

Empfange die reine Sternenliebe und gib sie weiter – empfange die Sternenenergie in deinem Herzen – und von deinem Herzen gib sie weiter in deine Umgebung hinein.

Bewege dich leicht, strecke dich, gähne, spüre deinen Körper und die Unterlage, auf der du dich befindest.
Komme wieder ganz an im Hier und Jetzt.
Nimm deine Umgebung war.
Willkommen.

Lächle dich an und danke dir selbst für die Heilungsarbeit, die du tust.
Wisse, es ist wertvoll. Du bist wertvoll. Es ist wertvoll für dich und auch ein wertvoller Beitrag für die Allgemeinheit.

Entscheide bewusst: Ich liebe mich.
Du bist wichtig. Du bist wertvoll.

Du kannst dich entspannen. Lasse los.
Lasse dich in dein inneres Wesen fallen.
Nimm dich so an, wie du bist.
Du bist genug.

Du bist gut so, wie du bist. Das ist die Wahrheit.
Wenn du das nicht glaubst, rührt das (zumeist) von übergestülpten Mustern und Prägungen deines Verstandes her. Du bist gut so, genauso wie du bist.
Und die anderen sind gut so, wie sie sind.

Willkommen – du bist ein Wunder.

Sieh dich mit einem Lächeln – humorvoll.

Ein scheinbares Paradoxon: sich zum einen wichtig nehmen, mit seinen Werten und Grenzen, und gleichzeitig auch über sich lachen können und sich nicht zu ernst nehmen. Es kann beides nebeneinander stehen.

Drittes Portal

Seele – Licht der Weiblichkeit – goldenes Ursprungslicht

Gedanken/Seele

"Das Wort, das aus der Seele kommt,
das setzt sich ganz bestimmt ins Herz!
Nur aus dem Herzen
kannst du den Himmel
berühren."

Rumi

Meine Seele möchte ich, zusammen mit dir, goldene Flamme Salomo, so sehr beschützen wie eine bedingungslos liebende Mutter ihr Kind – wie einst Maria das Jesuskind. Bist du doch die bedingungslose Liebe in mir – meine Seele.

Sie ist dein schönster und wahrster Teil: deine Seele. Sie scheint ewig. Sie ist in dir und um dich herum. Du bist sie und gleichzeitig in ihr aufgehoben – von ihr genährt und in ihr geborgen. Umarme und nähre sie. Schenke deiner Seele dein schönstes Lachen. Sie liebt dich so. Die Liebe deiner Seele ist grenzenlos.

Deine Seele ist dein wahrer Kraftort und deine Verbindung zum Göttlichen – zum Reinen. Sie ist deine wahre Essenz.
Lebe wie ein Samen aus ihrem Schoß.
Sie ist unser Heiligstes.

Je tiefer wir mit unserer Seele verbunden sind und unsere volle Seelenkraft bergen, desto stärker sind wir zum einen mit den unsichtbaren Welten verbunden und desto stärker leben wir zum anderen auch unser Leben, da wir unser Leben mit unserer Seelenenergie sättigen können – und mehr mit unserer reinen Essenz vereint sind. Klarer, einfacher und echter treffen wir so unsere Entscheidungen und handeln aus unserer Seelenverbundenheit heraus. Wir ruhen mehr in uns – in unserer Gelassenheit und Akzeptanz.

Den Weg der Seele gehen, heißt auch, innezuhalten und den Weg der Achtsamkeit, des Wahrnehmens und den Weg des Fühlens zu gehen: den weiblichen Weg des Herzens mit all seinen Emotionen.
Erlaube dir, deine Sensibilität und Sensitivität zu leben. Sie sind so wertvoll wie du. In all deinen Gefühlen scheint das Licht deiner Seele.
Erlaube dir zu fühlen. Deine Empathie und Verletzbarkeit sind eine Stärke deiner weiblichen Seite. Durch sie hast du einen guten Zugang zu deinen Seelenempfindungen. Umarme sie und sage ja zu ihnen.
Entdecke die universellen Seelengefühle des Glücks und der Freude.

Nehmen wir aber auch unsere dunklen Gefühle an, um sie aus ihrem Schattendasein zu holen. Je mehr wir unsere Emotionen, Prägungen und einschränkenden Glaubenssätze erlösen, desto mehr können wir in Freiheit leben: frei entscheiden und handeln. Es geht darum, unsere Verantwortung und Macht anzunehmen und bewusst und aufmerksam damit umzugehen.

Und: Du bist immer mehr als deine Gefühle. Es ist dasselbe Prinzip wie bei deinem Körper. Je mehr du deine Gefühle mit deiner Seele wahrnimmst, sie in dir integrierst und sie mit den lichtvollen Energien transformierst – desto mehr bringst du sie damit auf eine höhere Schwingungsebene und desto mehr kannst du dich dann auch wieder aus der Identifikation mit ihnen lösen. *Du bist immer mehr als deine Gefühle.*

In dem Zusammenhang gilt es auch, den Unterschied zwischen fühlen und leiden, mitfühlen und mitleiden wahrzunehmen. Beim Fühlen bist du mit deinem Herzen verbunden. Erlaube dir, ganz zu fühlen – aus dem Raum des Lichts im Herzen.

Durchdringen wir das Leben mit unserer Seele – sie ist unser Diamant.

Zu fühlen ist eine Qualität der weiblichen Seite. Deine Emotionen sind mit dein größter Schatz hier auf Erden, denn sie verbinden dich mit deinem Herzen und deiner Seelenkraft. In ihnen lebt deine Stärke. Und dein Licht. Denn auch die weniger gern gesehenen Emotionen, wie beispielsweise Traurigkeit, können eine große Stärke in sich bergen. Tränen können ein Geschenk sein und sind so heilsam. Tropfen um Tropfen reinigen sie uns. Je größer unser Schmerz ist, desto größer ist die Kraft, die dahintersteht – und desto stärker ist der Wunsch nach Befreiung.

Wir können allen Emotionen die Kraft unserer Dankbarkeit entgegensetzen. Denn es ist gut und wichtig, dass sie hervorkommen, um gesehen, gewürdigt und harmonisiert zu werden. Hören wir auf, sie zu vermeiden und zu ignorieren. Deine schmerzhaften Emotionen kannst du mehr und mehr mit lichtvollen Schwingungen der Liebe lindern und heilen. Denn zu heilen heißt – Liebe in die Wunden zu geben. In der Dualität brauchen wir sozusagen den Schatten – um das Licht zu erkennen. Unsere Seele möchte so viele Erfahrungen wie möglich erleben ...

Genau die Erfahrungen, die wir vielleicht nicht so gerne machen, die uns wehtun und verletzen, bergen oft die größten Wachstumschancen. In jedem Gefühl, und sei es ein noch so negatives, liegt ein Schatz verborgen, der von uns selbst – tief in unserem Inneren – geborgen werden kann. Es ist der Schatz der Liebe. Sind unsere tiefsten Wunden geheilt, drehen sie sich um in unsere größten Stärken und Fähigkeiten: *Unsere größte Verletzung kann unser größter Schatz sein.*

Da das Außen unser Inneres spiegelt, gibt es so gesehen keine Verletzungen von außen, da uns nur das verletzen kann, womit wir uns selbst verletzen – oder anders ausgedrückt: Wir erfahren oft das, was als Verletzung noch in uns geheilt werden möchte.

Erforsche die Wahrheit deiner Seele. (Die du bist. Die hinter allem steht – und die unendlich ist.)

Aus dieser Sicht heraus gibt es auch keine negativen Erfahrungen. Das ist die Sicht der Seele. Sie unterscheidet nicht zwischen positiven und negativen Erfahrungen, da sie sich aus allem weiterentwickelt. Multidimensional ist.

Unsere Seele möchte ihre Seelenaufgaben leben und genau die Erfahrungen machen, die sie sich für dieses Leben vorgenommen hat. Geben wir ihr das Zepter in die Hand. Sie heißt alle Erfahrungen willkommen, um durch sie sich selbst immer näher zu kommen.

Je mehr du in dein wahres Sein eintauchst – den inneren Raum des Lichts in deinem Herzen –, desto mehr kannst du all deine Verletzungen wieder gehen lassen. Alles, was nicht zu dir gehört, loslassen. Alles, was nicht Liebe ist, kann gehen.
Geben wir unserer Seele mehr Raum und überlassen uns ihrer Führung.
Für unsere Seele ist die reine Liebe Wirklichkeit.

Versuche, die Seele der Menschen anzusprechen und Herzensverbindungen aufzubauen. Sieh das Wahre in deinem Gegenüber. Wir sehen doch immer nur einen kleinen Ausschnitt ... und wissen nicht, was genau dahintersteht ... wie die Dinge im "Großen" zusammenhängen.

In der neuen Zeit sind wir immer stärker in unser "wahres Zuhause" und in unsere Seelenfamilien eingebunden. Treffen mehr und mehr auf unsere Seelengefährten und unterstützen uns untereinander. *Manchmal sind aber genau unsere Seelengefährten die Menschen, mit denen wir am meisten verstrickt sind.* Daher möchten wir in unseren Seelenverbindungen unsere Verstrickungen, auch die, die wir in dieses Leben mitgebracht haben, lösen.

Mit den reinen hohen Liebesschwingungen vergrößerst du deinen Raum des Lichts. Du kannst immer mehr die allumfassende Liebe deiner Seele spüren und leben. Ja, es geht darum: die emotionale Freiheit der Seele zu erlangen und in ihren Spuren und Linien zu gehen – aus der Mitte des Seins.

Den Weg der Seele zu gehen, heißt, dein Herz zu ehren.

Spüren wir immer mehr die Verbindung zu dem reinen, unverletzlichen Teil unserer Seele – *unserer göttlichen Seele.* Immer und immer mehr – bis wir Luftsprünge machen hin zum reinen Glücks.

Entdecken wir unsere göttliche Seele – die in uns lebt.
Sehen wir mit den Augen unserer Seele – in denen die Liebe lebt.
Vereinen wir uns mit der Seele der großen Göttin.

Was ist der Ton deiner Seele?

Wie spricht sie zu dir?
Was nährt sie?
Und was kannst du gehen lassen?

Was ist der Ruf deiner Seele?

Anrufung für die Seele

Vertraue – deine Seele heilt. Sie beinhaltet deinen heilen, ursprünglichen, unverletzbaren, reinen und göttlichen Teil: *deine göttliche Seele.*
In ihrer Mitte ist unsere Seele immer heil: pures Quellenlicht – unverletzbar, rein und vollkommen.

Deine Seele scheint in ihrem wahren Seelenlicht.
Schritt für Schritt geht sie der Unendlichkeit entgegen, die sie ist.
Vertraue und gehe in deinen tiefen Glauben – an deine göttliche Seele, an deine Seelenkraft und an dein Leben. Dieser Glaube kann dein ganzes Wesen und Sein durchdringen.

Lege deine beiden Hände auf dein Herz und verbinde dich mit deiner Seele.
Berühre dich in deinem Geist auf eine liebevolle und intime Weise.
Lächle dich an. (Du bist wertvoll und liebenswert. Du wirst gesehen.)
Deine Seele möchte dich führen – gehe mehr und mehr in ein Vertrauen zu ihr.
Wie fühlt sich deine Seele an?
Wo spürst du sie – in dir und um dich herum?

Sei neugierig und gehe spielerisch auf Entdeckungsreise.
Mit einem wachen, staunenden »Anfängergeist« des Neubeginns.
Tue so, als ob du deine Seele zum ersten Mal wahrnimmst, um so den Zauber des Entdeckens und eines Neubeginns zu haben.

❧ Für das Licht deiner Seele

Lege deine Hände auf dein Herz, um dich mit deiner Seele zu verbinden. Atme tief ein, sammle dich und atme aus.
Sprich laut oder innerlich:

»Ich öffne mich für meine Seele,
bin ein reiner Kanal für die goldene Flamme Salomo und empfange ihre heilsamen Schwingungen. Ich setze die Absicht, mit dem goldenen Quellenlicht und von meinem inneren Raum (von der Flamme in meinem Herzen) in meine Seele zu strahlen.
Ich würdige meine Seele.
Meine Seele füllt sich ganz aus mit dem goldenen Licht.
(Wie zwei Hände, die sich verbinden und sich wieder öffnen, umarme ich meine Seele von innen und außen.)

Mit meinem Herzen atme ich und verbinde mich mit dem göttlichen Licht – der reinen Liebe. Solange ich es möchte. Wann immer ich es möchte. Meine Seele füllt sich immer mehr auf mit dem goldenen Licht & der reinen Liebe, die sie ja selbst ist.

Ich fühle das Feuer meiner Seele.
Das Licht meiner Seele scheint immer mehr.

Im Jetzt.
Danke. Danke. Danke.
So sei es.«

Atme tief ein und aus.

ℭ Für eine Heilung der Seelenerfahrungen und Seelenwunden

Durch unverarbeitete Erlebnisse oder Traumata (aus diesem Leben oder einem früheren) können Seelenteile bestimmter Seelenerfahrungen noch nicht verarbeitet sein und es kann sich so anfühlen, als ob bestimmte Seelenanteile nicht vollständig da sind. Das sind die Seelenwunden.

Um sie zu harmonisieren und zu heilen, lege deine Hände auf dein Herz, öffne dich für dein höheres Selbst, atme tief ein und aus und sage:

»Nun bitte ich dich, goldene Flamme Salomo, alle meine Seelenwunden, die durch bestimmte Seelenerfahrungen entstanden sind, zu harmonisieren und zu heilen. Seelenteile, die sich nicht vollständig anfühlen, bitte ich, in mir zu integrieren. Goldene Flamme Salomo, bitte lass dein heilendes, göttliches Licht und deine Liebe in meine ›abgespaltenen Seelenanteile‹ hineinfließen. Wo immer sie sich auch befinden mögen.

Integriere bitte mit deinem Licht meine Seelenerfahrungen. Meine Seelenwunden und meine Seelenerfahrungen harmonisieren und transformieren sich vollkommen mit der goldenen Flamme. Ich bin wertvoll und ganz. Ich bin meine Seele.

Die Flamme meiner Seele leuchtet.

Im Jetzt.
Danke. Danke. Danke.«

Atme bewusst ein und aus.

❧ *Für die göttliche Seele und die Seelenaufgaben*

Lege deine Hände auf deinen Körper und verbinde dich mit deiner inneren Seelenwelt. Atme tief ein, lächle und atme aus. Sage laut oder leise:

»Danke für meinen Zugang zu dem unverletzlichen Teil meiner Seele: meiner göttlichen Seele.
Ich verbinde mich mit der Seele der großen Göttin.
Meine Seele ist mein Erkennungszeichen. Ich öffne mich für meine Seelengefährten und meine Seelenaufgaben. Ich nehme meinen Seelenauftrag an - mit meinem goldenen Licht. Mein Seelenstern strahlt.

Meine göttliche Seele leuchtet.

Im Jetzt.
So sei es.
Danke. Danke. Danke.«

Atme tief ein und aus.

Deine Seele: Sie scheint.
Lebe aus ihrem Schoß.

Die Seelen hier auf Erden - sie sind füreinander da.
Und begleiten sich. Alle Seelen lieben sich.
Wie schön.
Salomo

Tägliche Übung für die kosmische Anbindung

Lege deine beiden Hände auf dein Herz und verbinde dich mit deinem Inneren. Atme bewusst tief ein und aus und verbinde dich durch deinen Atem mit deinem Körper, deinem Geist und deiner Seele.

Triff bewusst die Entscheidung, dich kosmisch anzubinden und so durch deinen Tag zu gehen, wenn du es möchtest.
Vielleicht möchtest du dich auch zusätzlich mit einer bestimmten Schwingung, wie beispielsweise mit der Venus-Energie, verbinden.

So sage:

»Ich verbinde mich mit der Schöpfung.

Bitte um eine kosmische Anbindung an die universelle Quelle – an die goldene Flamme Salomo und Mutter Erde.
Ich verbinde mich mit einer oder mehreren Schwingungen, die für mich stimmig sind (wie beispielsweise der Venus-Energie oder einer anderen Schwingung, mit der du dich gerne verbinden möchtest. So kannst du dann sagen: »Ich verbinde mich mit der Venus-Energie.«)

In meinem inneren Raum des Lichts bin ich verwurzelt und fühle mich zu Hause.

Im Jetzt.
Danke.«

Atme tief ein und aus.

Schutzübung

Bist du gut geerdet und in deiner Mitte zentriert, brauchst du im Grunde keinen Schutz. Du kannst dann alle Energien durch dich durchfließen lassen, wenn du zum einen komplett geöffnet bist und zum anderen dein Energiesystem gleichzeitig in dir geschlossen ist.

Je stärker du mit deinem höheren Selbst verbunden bist, desto mehr bist du geschützt. Es gibt aber Tage, wo es gut für dich ist, dich mit einer Schutzhülle zu umgeben, in der du geborgen und sicher bist. Wie in einem Kokon. Mit ihr ist es, als ob sich ein Schwingungskreis um dich herum schließt; so können dir negative Energien und negative Emotionen nichts anhaben, sie gehen einfach so durch dich durch oder prallen an dir ab.

✎ Schutzübung

Lege deine beiden Hände auf dein Herz und atme tief ein und aus. Verbinde dich mit deinem höheren Selbst.
Sage:

»Danke, ich bin ein reiner und klarer Kanal für die goldene Flamme Salomo und stelle ihre Energie an. Das goldene Licht scheint in meinem Herzen.

So öffne ich mich für Erzengel Michael und bitte darum, dass Erzengel Michael mich mit seinen Energien unterstützt.

Ich setze die Absicht, für diesen Tag und die folgende Nacht (oder für den Zeitraum, der sich für mich stimmig anfühlt) eine Schutzhülle aus dem Licht der goldenen Flamme Salomo und der Energie von Erzengel Michael um meinen Körper, in meiner Aura entstehen zu lassen.

Sie kann eine Eiform haben oder ein Kreis sein. Auch andere Farben, die sich gut und stimmig anfühlen, lasse ich in sie hineinfließen. (Oft ist ein weißes Licht hilfreich, mit einem goldenen Rand. Auch ein dunkelblaues Licht ist sehr wirksam und/oder nimm einfach die Farbe, die sich für dich am stimmigsten anfühlt.)

Ich aktiviere die Stammzellen meiner Schutzhülle.
Bitte darum, dass meine Schutzhülle um mich herum nur die Energien zu mir durchdringen lässt, die dienlich und gut für mich sind oder die, die von meinem höheren Selbst, der Quelle, kommen. Alle anderen prallen an meiner Schutzhülle ab. (Ich fühle mich geschützt – wie in einem wunderschönen Ei.)

Ich verbinde mich mit der Schwingung von Erzengel Michael und lasse sie in meine Wirbelsäule fließen – um mich zu stabilisieren und zu stärken.
Meine Aura ist stark, geschützt und schützt mich.
Ich aktiviere die Stammzellen meiner Aura. Ich liebe meine Aura.

Ich schließe meine hinteren Energiezentren. Fühle mich in mir selbst geborgen und geschützt – mit der Energie von Erzengel Michael und der goldenen Flamme Salomo.

Im Jetzt.
So sei es.
Danke. Danke. Danke.«

Atme tief ein und aus. Mit Leichtigkeit und einem Lächeln.

Du bist geschützt und sicher, wo immer du auch bist.
Du bist so tief geerdet in Mutter Erde und hoch verbunden mit dem Höchsten und in dir selbst fest verankert.
Gehe aufrecht und klar durch deinen Tag.

Du bist ganz da - in dir.
In dir zu Hause. Angekommen.
Du bist geschützt und sicher, wo immer du auch bist .
Danke. Danke, Diamant - goldenes Licht.
Danke, Salomo. Danke, Erzengel Michael.

Anrufung für das Urvertrauen

Das goldene Licht aus der Quelle scheint in dir. So kannst du dich geborgen, sicher und getragen fühlen. Die Liebe, sie ist da – jetzt und ewig.

Der heilige Herzensraum in dir ist der Ort, aus dem Jesus einst heilte. Es ist der Ort in deinem Herzen, an dem du einen tiefen Frieden fühlen kannst.

Gehe tief in dein Herz und gehe intuitiv in den Raum des Lichts in deinem Herzen – mit der Absicht, dein Urvertrauen in dir zu spüren. Um den Raum des Lichts in deinem Herzen zu finden, atme in dein Herz und fühle von innen in dein Herz hinein. Dieses intuitive Entdecken ist ein weiblicher Weg ... der immer weitergeht ...

Atme tief ein, fühle in dein Herz und atme aus. Spüre wieder und wieder von innen her tief in dein Herz hinein. Mit jedem Atemzug tiefer und weiter. Bis du zu dem Punkt kommst, wo du dich gut und sicher fühlst und einen Frieden in dir fühlst. Wo du eine Weite und Wärme in deinem Herzen fühlst. Hier wohnen deine Selbstannahme und deine Selbstliebe. Dein Sein. Dein Selbst. Dein heiler, reiner, unverletzbarer Teil.

Atme tief ein und aus.

Und versuche weiter, dein Herz mehr von innen her zu fühlen – solange es sich gut und stimmig für dich anfühlt. So gelingt es dir von Mal zu Mal, dich stärker mit deinem heiligen Herzensinnenraum zu verbinden.

In deinem Herzensinnenraum ist alles miteinander verbunden ... In ihm ist alles möglich. In dem heiligen Raum des Lichts in deinem

Herzen liegt dein Urvertrauen. Dein Herz verbindet dich mit deiner göttlichen Seinskraft.

Dieser Raum ist grenzenlos.

Frage dich:

- *Hast du das Gefühl, dass dein Urvertrauen in dir nicht vollkommen heil ist?*

- *Kommen dir dazu Bilder in den Sinn?*

- *Hast du eine Ahnung ... eine Intuition?*

- *Gibt es einen Schmerz, der mit deinem Urvertrauen zusammenhängt?*

(Wenn ja, fühle ihn und nimm ihn zu dir. Mit deinen ganzen Sinnen. Im Inneren kannst du ihn heilen. Atme tief ein und aus. Sage danke zu dem Schmerz, dass er jetzt hochkommt, so dass er gesehen und integriert werden kann. Gib ihm Raum. So können die Verletzungen deiner Seele, die hinter deiner Wunde stehen, zu dir zurückfließen. Nimm den Schmerz an. Danke ihm.

Und wisse ... du bist immer mehr als der Schmerz.

Wisse auch:
Die reinste Essenz deines Urvertrauens ist vollkommen heil und unverletzbar. Reine Liebe – reiner Geist. Der Zugang zu diesem wahren Urvertrauen wird freier.

Lege deine Hände auf dein Herz, um dich stärker mit deiner Seele zu verbinden, atme tief ein und aus, um dich mit deinem Körper zu verbinden, und sprich innerlich oder laut:

»Goldene Flamme Salomo, scheine in meinem Herzen und verbinde mich mit der Tiefe in meinem Herzen, mit meinem heiligen Herzensraum. Ich fühle das Licht in mir und ich spüre seine Wärme.

Nun setze ich die Absicht, dieses Licht in die Wunde, die mit meinem Urvertrauen zu tun hat, fließen zu lassen. Der Zugang zu meinem Urvertrauen, zu meinem wahren Licht, heilt und ist frei.

Im Jetzt.
Danke.«

Atme die Schwingung von Vertrauen ein, halte inne und atme die Schwingung von Vertrauen aus – solange es sich für heute gut und stimmig für dich anfühlt.

Atme tief ein und aus. Lege eine Hand auf dein Herz und die andere auf deinen Solarplexus. Sage:

»Goldene Flamme Salomo, strahle bitte in mein Urvertrauen. Ich würdige es. Mein Urvertrauen harmonisiert sich mit der goldenen Flamme. Das heilige Feuer meines Urvertrauens lebt. Mein Urvertrauen ist heil und unerschütterlich.

Danke, goldene Flamme, dass du in mein Vertrauen in mich selbst, in all meine Talente und Fähigkeiten, in alles, was ich auf die Erde mitgebracht habe, hineinfließt und mein Vertrauen aufbaust. Danke.

Im Jetzt.
So sei es.
Danke.«

Atme tief ein, gib dir ein inneres Ja zu dir und atme tief aus.
Sage:

»Nun lasse ich die Farben eines wunderschönen Regenbogens in den Raum meines Urvertrauens fließen. Den Ort des reinen Herzens. Um es weiter zu nähren und zu stärken. Mit der Schönheit und Freude der heilenden Farben.

Ich lasse mit dem goldenen Licht aus dem Kosmos alles in mich einfließen, was ich mir wünsche, wie Vertrauen in meine Fähigkeiten, meine Liebesfähigkeit, sich gegenseitig stärkende Beziehungen, Leichtigkeit, Fülle, die Schönheit des Seins und all das, was mir noch in den Sinn kommt.

Ich vertraue in mein tiefes Sosein – ich bin rückverbunden – mit meinem Ursprung. Mit dem Kosmus verbunden. Mit dem Urvertrauen der großen Mutter. Mit dem Leben. Aufgehoben in der großen Göttin.

Ich lebe aus meiner ›Ich-bin-Qualität‹.
Mein Urvertrauen strahlt.

Nun. Im Jetzt.

Danke.«

Atme tief ein und aus. Mit deinem Herzen.

In deinem Urvertrauen liegt deine Erlaubnis zu dir – für alles, alles, alles, alles, alles ... Das Feuer deiner Erlaubnis lebt.
Du bist. Vertraue in der Tiefe deiner Seele.
Du atmest. Du vertraust. Du bist.
Sein ist. Urvertrauen ist. Zum Wohle aller.

Gedanken mit Anrufungen:
Wut, Traurigkeit, Lebensfreude und Loslassen

Lebe deine weibliche Fähigkeit, dich mit deiner Innenwelt zu verbinden. Wenn du ein Mann bist, hast du natürlich auch die weibliche Seite mit ihren Fähigkeiten in dir. Mit dem Wahrnehmen und Annehmen all deiner Gefühle verbindest du dich immer mehr mit deinem Herzen - und dem Schatz in dir, der in dem Gefühl verborgen ist. Im Inneren unseres reinen Gefühls steckt eine große Stärke, unsere Schöpfungsenergie.

Vermeide nicht zu fühlen - lasse auch deine "dunklen" Gefühle da sein. Versuche, sie mehr aus dem inneren Herzensraum wahrzunehmen und sie so aus deinem Verbundensein mit der Quelle zu spüren. So kannst du eine Entspannung in sie hineingeben. Erlaube dir, deine Gefühle zu fühlen. Alle deine Gefühle sind gut und richtig - so, wie sie sind.

Deine Gefühle verbinden dich mit deinem Herzen und in deinem Herzen wandeln sie sich zu deiner Stärke. Hole sie ganz zu dir und gib ihnen einen Raum. Denn nur in deinem Inneren können sie sich ändern. Atme in dein Inneres hinein. Alles möchte wahrgenommen und gefühlt werden. (Du kommst so immer mehr in deine "wahre Kraft".)

Um ein Gefühl, wie beispielsweise das Gefühl von Angst, in dir aufzulösen, fühle es mit deinem Herzen und deinem gesamten Körper. Nimm es in dich hinein. Atme in es hinein. Versuche, es aus deiner inneren Verbundenheit mit deinem Licht aus der Quelle zu fühlen.

Sobald du ein Gefühl wahr aus dem Herzen fühlst und akzeptierst und es würdigst, kann es sich in dir weiten, du kannst die dahinterstehende Verletzung deiner Seele zu dir zurückholen und sie kann mehr und mehr heilen, indem du deinen Emotionen einen guten Raum in dir gibst, sie quasi sogar einlädst, da zu sein, und sie damit in dein Herz integrierst. Und die hohen Heilfrequenzen in sie hineinströmen lässt.

Halte den Raum deiner Emotionen und ströme die hohen Heilenergien in sie hinein. Sie transformieren sich dadurch – ihre "Ladung" wird weniger und die in ihnen feststeckende Energie wird geborgen – die Knoten in den Kanälen werden mehr und mehr aufgelöst. Ihre Schwingung erhöht sich.

So harmonisierst du deine Gefühle in dir und sie können sich so immer leichter anfühlen. Du birgst die Essenz der Lebensenergien von deinen Emotionen und so können deine Lebensenergien wieder freier fließen.

Dadurch kannst du auch immer mehr eine Leichtigkeit fühlen.

Schaue auch, wo sich das jeweilige Gefühl in deinem Körper befindet.

Gib deinem Körperecho, das ein Spiegel der Seele ist, für einen Moment deine volle Aufmerksamkeit. Nimm es wahr, atme genau dorthin und akzeptiere es.

Durch den größeren Kontakt zu deinem Herzen, durch das Würdigen und Harmonisieren deiner Gefühle (durch die Verbundenheit mit der Quelle, durch einen anderen tieferen Zugang zu deinem Herzen und deinem Geist, z. B. in einer Meditation, oder auch durch mehr Empathie, Mitgefühl und Verstehen, das Annehmen einer anderen Sichtweise) kommst du dem wahren Sein in dir immer näher – indem du mit der Schöpfung, der Quelle, verbunden bist.

Je mehr du in dein Sein kommst (deinen inneren Raum des Lichts), desto mehr kannst du die zu starken und unguten Gefühle dann auch wieder gehen lassen und dich aus der Identifikation mit ihnen lösen.

Ja, es geht darum: die emotionale Freiheit unserer Seele zu erlangen und ihren Weg zu gehen – aus der Mitte deines Seins. Du kannst deine Emotionen mehr da sein lassen, ohne zu sehr mit ihnen verhaftet zu sein (sondern einen guten Abstand zu ihnen zu haben). So kannst du immer mehr auf deine Mentalebene kommen.

Gefühle können in deinem Ort des Seins auch nebeneinanderstehen, mehrere gleichzeitig, und du kannst bewusst auch zwischen den einzelnen Gefühlen wechseln.

Haben wir eine gute innere Verbindung zu unserem wahren Sein, können wir auch dann, wenn wir innerlich schreien vor Schmerzen, mit diesem Schrei ins Handeln gehen und mit unserer natürlichen Stimme sprechen.

Bergen wir die Shakti-Kraft in all unseren Emotionen – unsere weibliche Lebensenergie – mit den vielen heilsamen Energien der Liebe. Leben wir unsere intensive Innenwelt ... mit all ihren Facetten! Heilen wir unsere Gefühle aus unserer Quellenverbundenheit. Mit der tiefen Heilkraft des urweiblichen Lichts & seiner Liebe. Bis sie sich in ihrer Essenz auflösen. Nicht existent sind – im reinen Land in dir.

Die Essenz unserer rauen Gefühlen sind reine Kraft und Liebe.

In ihrem Inneren liegen unsere schöpferischen Ressourcen, die wir benötigen, um der Welt aus unserer Herzensliebe heraus zu

begegnen. Holen wir diese Kraft mit den weiblichen Schöpfungs-
schwingungen immer mehr hervor – *wie mit der goldenen Flamme
Salomo.*

ᘓ Wut

Ist Wut in dir, so kannst du sie auch für dich in einem Wutausbruch
entladen, der gegen niemanden gerichtet ist.
Dabei ist es gut, die Wut in deinem ganzen Körper zu fühlen und
sie im gesamten Körper präsent zu machen. Lasse sie da sein.
Erlaube dir deine Gefühle der Wut. Fühle sie in deinem Körper und
bringe sie mit deiner Herzensverbindung zum Ausdruck.
Spüre ihre Lebensenergie und lasse sie in deinem Körper vibrieren.

Du kannst deine Wutenergie sehr gut in Handlungsenergie, in
nach vorne gerichtete Handlungen, umsetzen. Du kannst die Wut
fühlen und die Energie, die durch die Wut in dir entsteht, für deine
Handlungen nutzen. So lässt du die Wutenergie für dich arbeiten
– du separierst sie sozusagen von ihrer »Geschichte«, von dem,
warum du wütend bist.

Spüre die Energie deiner Wut, ihre Essenz – die große Kraft, die
in dem Gefühl der Wut steckt.

Du kannst deine Wutgefühle in dir harmonisieren und transformieren. Dafür legst du eine Hand auf deinen Bauch und die andere
auf dein Herz und atmest tief ein und aus. (Nimm mit deiner
Atmung bewusst Lebensenergie auf und lenke sie mit deiner Aufmerksamkeit in deinen Körper hinein.)

Atme tief ein und aus. Sage innerlich oder laut:

»Danke, ich öffne mich für die goldene Flamme Salomo und emp-
fange sie.
Meine Herzenskraft stärkt sich mit dem goldenen Licht.
Ich lade meine Wut ein und würdige meine Wut.

Ich erlaube mir, sie zu fühlen, aus dem Raum in meinem Herzen
– mit der goldenen Flamme Salomo, die mich mit der Quelle verbindet.

Ich entspanne mich in meine Wutgefühle hinein und gebe ihnen einen Raum. Ich spüre die starke Lebensenergie meiner Wut und verbinde mich mit der Essenz meiner Wut – diese reine Lebensenergie
kann stärker in mir fließen. Das Feuer meiner Wut leuchtet.

Meine Wut harmonisiert und transformiert sich mit der goldenen
Flamme Salomo und dem Licht in meinem Herzen, die beide aus
derselben Quelle kommen. Ich nehme die Essenz der wahren
Kraft und Liebe, die im Inneren meines Wutgefühls stecken, an und
gehe mit ihr ins Leben hinein.

Im Jetzt.
Danke. So sei es.«

Atme tief ein und aus.

Atme Handlungskraft ein und gib sie beim Ausatmen weiter, ins
Leben hinein. Lasse die Energie so lange laufen, wie du sie fühlst.
In deiner Wut steckt auch immer deine Liebe.
Sie ist der Schatz, der in der Wut verborgen liegt.

So kannst du auch verschiedene andere Gefühle, wie Angst, Neid, Ungeduld oder andere, harmonisieren, um sie so auf eine höhere Schwingungsebene zu bringen – und um die Liebe und Stärke in ihnen zu entdecken.

✎ Traurigkeit

Hinter der Wut steckt oft auch Traurigkeit.
Wenn du Traurigkeit in dir spürst, tauche ganz in sie ein. Gib dich deiner Traurigkeit hin. Lade sie ein, für eine Zeit lang vollkommen präsent zu sein.
Sie darf da sein. Höre vielleicht passende Musik, schreibe dir Gedanken auf, weine, rede darüber und fühle deine Traurigkeit. Fühle sie bewusst.

Und fange an, dich in deine Traurigkeit hinein zu entspannen, indem du sie in deinem Körper spürst und in sie hineinatmest. So weitet sie sich in dir und verliert an Spannung. Frage dich: Wo fühlst du sie in deinem Körper, in deiner Seele und in deinem Geist?

Atme die Traurigkeit in dein Herz, um ihr einen Raum zu geben. Lege dazu deine Hände auf dein Herz und auf deine Lungen, die der körperliche Sitz von Traurigkeit sind, und atme tief ein und aus. Sprich leise oder laut:

»Ich bin ein reiner Kanal für die goldene Flamme Salomo und verbinde mich mit ihr. Ich atme in meine Traurigkeit hinein und bitte die goldene Flamme Salomo, mich mit meinem Herzen zu verbinden und in mein Gefühl von Traurigkeit hineinzufließen.

Mein Herz umarmt meine Traurigkeit. Ich bin dankbar, dass ich sie fühle. Ich würdige meine Traurigkeit. Meine Traurigkeit harmonisiert und transformiert sich mit der goldenen Flamme.

Das Feuer meiner Traurigkeit brennt. Ich fühle die Stärke, die in dieser Emotion steckt, und nehme diese Starke an. Ich liebe meine Traurigkeit.

Im Jetzt.
So sei es. Danke.«

Atme mit deinem Herzen ein und atme mit deinem Herzen aus.

Lasse die Energie so lange fließen, wie es sich gut und stimmig anfühlt.
In der Traurigkeit steckt auch immer deine Kraft. Erkenne sie und nimm sie an. In der Traurigkeit steckt auch immer deine Liebe – sie ist der Schatz, der in der Traurigkeit verborgen liegt.

✎ Lebensfreude

Bewusst können wir uns auch mit schönen Gefühlen und positiven Erinnerungen verbinden – um sie zu stärken, ihnen zu danken und sie zu vermehren – die Energie folgt unserer Aufmerksamkeit. In der Dankbarkeit zum Beispiel liegt eine große Kraft.

Im Raum des Seins liegen deine Seelengefühle, wie Freude, Glück und Liebe.

Wie schön es ist, das Leben immer mehr als das Geschenk zu sehen, was es ist ... Die Lebensfreude und Lebenskraft zu leben ...

Neugierig zu sehen, was der Tag bringt ... und auch die Nacht ... Sich in der Sonne drehen. Oder auch im Regen. Was passiert heute, im Außen und im Inneren?

Wer begegnet uns heute?

Es gibt so viele tolle Menschen – so viele wunderbare Dinge zu entdecken, zu sehen und zu erleben.

Gibt es Erinnerungen und Situationen in deinem Leben, wo du dich voller Kraft fühltest? Wo du voller Lebensfreude warst? Wo du dich glücklich fühltest? Und voll geballter Lebenslust?

Erinnere dich und spüre diese Situationen mit deinen ganzen Sinnen.
Hole sie ganz zu dir und verankere sie in deinem Herzen. Um sie in dir zu verankern, überlege dir eine Geste für deine Lebensfreude. (Beispielsweise den Daumen, Zeigefinger und Mittelfinger aneinanderlegen. Dies ist eine Mudra-Geste für Fülle.)

Lege deine Hände auf dein Herz und verbinde dich so stärker mit deiner Seele. Atme Seelenkraft ein und aus – um sie in deinem Leben zu empfangen und weiterzugeben. Mache dann deine Geste der Lebensfreude – die du als Anker für deine Lebensfreude setzen möchtest.

Halte deinen Anker für deine Lebensfreude während der Anrufung.
Atme tief ein und aus und sprich leise oder laut:

»Goldene Flamme Salomo aus der Quelle, fließe bitte von oben durch mein Kronenchakra in meinen Körper. Wohin das goldene Licht strömen mag – in mein Herz, in meine Hände, in meine Füße und in meine Aura.

Ich verbinde die goldene Flamme Salomo mit den drei Schopfungslichtern, die in Silber, Gold und Diamant leuchten, und setze die Absicht, dieses Licht in meine schönen Situationen und Erinnerungen hineinströmen zu lassen. In meine schönen Emotionen, wie die der Freude, der Leichtigkeit, der Lebendigkeit, der Euphorie, und in meinen Esprit, meine Leidenschaft und Hingabe, das Lachen und meine Sinnlichkeit – in meine Fülle, mein Vertrauen und meinen Glauben und in die Sehnsucht meines Herzens.

Meine Lebenskraft und meine Lebenslust füllen sich auf mit Salomos goldener Flamme aus der Quelle und den drei Schöpfungslichtern in den Farben Silber, Gold und Diamant. Das Feuer meiner Lebensfreude brennt.

Im Jetzt.
So sei es.
Danke. Danke. Danke.«

In der Dankbarkeit liegt Magie!

Atme Lebensfreude tief ein und aus – empfange sie und gib sie weiter.

Sage: »Ich atme Lebensfreude ein und ich gebe sie ins Leben hinein.«

Mache dabei, wenn du magst, eine Geste des Empfanges und Gebens.

(Geste des Empfangens: Lege deine Hände übereinander auf dein Herz.

Geste des Gebens: Öffne deine Hände nach oben hin.)

Der Atem: Er ist dein Portal zum Leben, für dein Lebenselixier – deine Lebenskraft und deine Lebenslust. Du kannst jederzeit auf sie zugreifen und sie in deinem Herzen verankern. Auf allen Ebenen deines Seins. Über Zeit und Raum hinweg.

Praktiziere deine dir eigene Geste der Lebensfreude immer, wenn du auf deine Lebensfreude zugreifen möchtest.

Deine Herzensentscheidungen beeinflussen die Welt.

∾ Loslassen

Mehr und mehr können wir aus der Quelle handeln und aus dem Spirit unseres Herzenslichts lieben und leben.
So erschließen wir uns die magische Kraft des Loslassens immer mehr.
Annehmen und die Veränderung – sie leuchten aus diesem Ort des Lichts – in dem Raum hinter all unseren Ambivalenzen und Dualitäten.

Alles im Universum ist in ständiger Veränderung. Nichts ist statisch. Nehmen wir genau das an und setzen wir unser Vertrauen gerade in unsere sich ständig verändernde Welt. In jedem Augenblick.

In unserem wahren Sein – dem Feld der reinen Intelligenz – ist echte Veränderung möglich. Durch wahres Annehmen und wahres Loslassen. Verbinden wir uns mit unserem natürlichen Feld der Liebe, das in uns liegt – in der Tiefe und Breite unserer weiten Präsenz. Je mehr wir eintauchen, in uns ankommen, desto mehr erweitert sich unser wahres Sein ... und bahnt sich seinen Weg. Unser wahrer Ausdruck, unsere Natürlichkeit und unser Charisma treten so immer mehr hervor.

Vertraue dem Leben. Dem universellen Plan, der eingebunden ist in das Naturprinzip von Ursache und Wirkung. Übergib alles, was dich belastet, an dein höheres Selbst. An dein Licht. *Loslassen ist ein Akt der Liebe. Und des Vertrauens.*

Einerseits kannst du so viel tun, um dein Leben zu rocken, und gleichzeitig kannst du das Leben nicht kontrollieren. Ein Paradoxon – und doch wieder nicht. Je näher du deinem natürlichen Sein kommst, desto mehr löst sich das Paradoxon auf. Dein Wille und der Wille des Lebens gleichen sich immer mehr an.

Wenn wir an unser göttliches Sein und die Quelle in unserer Tiefe glauben, können wir dem natürlichen Gang unseres Lebens mehr vertrauen. Unsere Entspannung und Gelassenheit können sich durch unseren Glauben und unser Vertrauen an etwas, das »größer ist als unser Leben«, mehr und mehr einstellen.

Im Loslassen liegt eine magische Kraft.

Lassen wir unsere Vergangenheit los. Sie ist geschehen. Würdigen wir sie und geben wir sie in den Raum, der hinter uns liegt. Und nehmen wir dabei die Geschenke, die wir in unserer Vergangenheit erfahren haben, an und weben sie in unser Leben.

Sei die Muse in deinem Leben.

Das, was du dir von anderen wünschst,
das wünschst du dir im Grunde von dir.

Natur – Ursprünge der Weiblichkeit – Isis, große Göttin

Gedanken/Natur

"Was wär ein Gott, der nur von außen stieße,
Im Kreis das All am Finger laufen ließe!
Ihm ziemt's, die Welt im Innern zu bewegen,
Natur in sich, sich in Natur zu hegen."

Johann Wolfgang von Goethe

In der Natur spiegelt sich unser inneres Paradies – mit all seinen wundervollen Ausdrucksformen. Wir können in ihr unser natürliches Selbst erkennen – die ganze Palette unserer bunten Innenwelten. Die Natur zeigt uns die unterschiedlichsten Seiten unserer wahren Essenz – die reinen Naturkräfte, die in uns leben. Wie schön ist es, ihre unglaubliche Schönheit zu bestaunen, ihr Wunder und sie wirklich zu sehen und sich mehr und mehr mit ihr vertraut zu machen. In einer nährenden und nahen Art.

Welch ein Geschenk ist es, wenn wir uns mit den wahren Kräften, die in uns vorhanden sind und die wir in der uns umgebenden Natur entdecken können, vereinen und mit ihnen verschmelzen ...

... sei es mit der stabilen, erdenden Stärke eines Baumes - um die eigene Stärke zu spüren und zu leben.

... sei es mit dem Horizont am Himmel - um die Weite und die Unendlichkeit zu fühlen.

... sei es mit der Welt der Blumen - um die eigene Kreativität, Schönheit und Einzigartigkeit zu erfahren.

... sei es mit dem Mond - um sich mit dem Mysterium der weiblichen Liebe zu vereinen.

... sei es mit der Sonne - um unserer Wärme, Strahlkraft und Helligkeit zu begegnen.

Oder sei es mit dem uns umgebenden Wasser - den Seen und den Meeren -, um mit dem Fluss des Lebens zu gehen und unser Wasser, das in uns fließt, zu spüren.

Genauso verhält es sich auch mit dem Atem des Lebens:
Bewusst können wir uns mit dem Sauerstoff in der Luft verbinden. Der immer da ist - unbegrenzt - der Atem des Lebens.
Ohne etwas dafür tun zu müssen, atmen wir ein und aus. Wir können loslassen und vertrauen. Es atmet in uns - das Leben atmet uns.

Mit unserem Atem können wir uns in unserer Tiefe mit dem Gefühl des "Daseins" verbinden - mit dem Leben in uns. Mit dem Raum des reinen Herzens. Mit unserer "Ich-bin-Qualität". Unserer Daseinsberechtigung, jetzt und hier zu leben. Die Schöpfung irrt sich nicht.

Verbinden wir uns mit dem Teil, der immer lebt. Immer da ist. Und immer da war. Der unaussprechliche, unverletzbare, sakrale Teil. Unser Main-Actor. ☺ Dieser Teil ist größer als wir selbst. Unbeschreiblich schön. Jetzt und immer. Es zu fühlen – kann so befreiend sein.

Spirit ist überall – da, da und da ...

Entdecken wir mehr und mehr unsere wahre Natur – die in uns liegt.

"Ich nehme meinen inneren Frieden, meine Freiheit und Stärke an." Diese Zeilen notiere ich in einem Caravan – der tief in der Natur Schottlands steht, in den Highlands, weit ab von der Zivilisation. Die Schwingung des Friedens und der Freiheit, die dieser Ort ausstrahlt, fließt automatisch in die Story meines Lebens hinein.

"Meine Liebe, ich könnte weinen vor Rührung ob deiner Schönheit, deines Stolzes und deiner wärmenden und freundlichen Seele, die sich in der Herzlichkeit und klaren Einfachheit der Menschen widerspiegelt."

In Schottland haben mein Freund und ich so schöne Zeiten erlebt. Wenn einige Menschen bemerkten, dass wir etwas suchten, boten sie von sich aus an, uns zu helfen. Oder einen zu begleiten. Das passierte häufig – auch in Edinburgh, wo es doch so viele Touristen gibt.

Hast du bestimmte Länder, Städte oder andere bestimmte Ort, mit denen du dich sehr verbunden fühlst?

Wo alles "irgendwie gut zu sein scheint", wenn du an diesen Orten bist? Die dir eine große Power geben? Kraftplätze für dich sind?

Auch mental können wir uns mit unseren Kraftorten verbinden!

Ich denke auch an unsere gestrige Begegnung mit Malcolm, die zwar nur kurz, aber einprägsam war: Wir begegneten ihm an der Ruine am See von Linlithgow, in der einst Maria Stuart geboren wurde. Sein Schäferhund lief zu uns und Malcolm strahlte uns an. Ohne zu fragen, sprach er von seinem Leben und seinem Motto und meinte: *"Aye, Aye. Wir sind hier alle so in diesem Umkreis. Wir nehmen das Leben leicht. So, wie es kommt. Wenn wir arbeiten, dann arbeiten wir. Haben wir frei, sind wir frei und genießen die Zeit. Wir sind doch nur kurz hier auf Erden, aye? Sind wir krank, ist es so, wie es es. Aye. Aye."*

Seine Augen lachten und strahlten wie die seines Schäferhundes, den er Rebirth nannte. Es war nur eine kurze Begegnung mit ihm, aber es war ein Herzenskontakt zwischen uns und der tat so gut – auch das, was zwischen den Zeilen schwingend stattfand zwischen uns, der Subtext sozusagen. ☺

Große Kraft und Ruhe strahlte der Ort aus.

So freute ich mich, die Schlossruine zu sehen. Ich war aufgeregt und ganz kribbelig. Es war das geplante Highlight für mich auf unserer Schottlandreise.
Doch was war das, fragten wir uns?
Als wir bei der Schlossruine ankamen, rannten viele Menschen mittelalterlich verkleidet herum, Absperrungen waren überall, lautes Krachen hier und dort, Schwerter, ein Blitzen ... und einer der Ordner, dem wir direkt in die Arme liefen, hob seine Hand und sagte zu uns: "Stopp! Hollywood, babe!!!"
Er lachte mich an. Mit strahlend weißen Zähnen.

Oh nein ... Es war ein Filmdreh ... und ein Stopp.

Das Schloss, dessen Besuch mir so wichtig erschien. Wir kamen nicht herein. Aber wir kommen wieder, beschlossen wir. Was wir auch taten. Und an dem Tag des "Hollywood, babe" trafen wir Malcolm und verbrachten einen schönen Tag am See von Linlithgow.

Kennst du diese Begegnungen mit Fremden, die nur kurz sind, uns aber so viel geben? Bei denen man irgendwie das Gefühl hat, sich zu kennen, obwohl in diesem Leben doch jeder woanders seine Kreise zieht?

Ich hüte sie wie Schätze in mir.

Manchmal ist es nur ein kurzer Blick.

Erdung

Es scheint so, als ob die goldene Flamme Salomo auch mit aus einem See entspringt ... und hier ihren irdischen Ursprung hat. Das goldene Licht der Quelle kommt aus der Erde und dem Himmel und umgibt uns. Es scheint immer. Ohne auszugehen ...

Der weibliche Teil des Seins lebt hier.
Das Flammenlicht.
Mutter Erde – die reine Göttinnenschwingung lebt in dir, große Mutter.

Je geerdeter wir sind, desto tiefer ist unser Kontakt zur großen Göttin.
Die Natur der Erde lebt in uns.

Sage:

»Ich rufe die goldene Flamme Salomo an, in meinem Herzen zu scheinen.
Bitte fließe in meine beiden Erdungsankerpunkte – die sich zum einen unten an meinem Steißbein befinden und zum anderen unter meinen Füßen.

Von diesen beiden Stellen, bitte ich dich, Flamme Salomo, lasse dein goldenes Licht tief hinunter in die Erde scheinen.
So wird von meinem Steißbein aus und unter meinen Füßen eine goldene Schnur in die Erde gelegt. Bis tief in den Erdmittelpunkt hinein.

Meine lichtvolle Erdungsschnur. Ich bin durch diese Schnur tief verwurzelt in der Erde – im jeweiligen Moment – in meiner wahren Präsenz.

Ich fühle die Liebe und die Stärke von Mutter Erde und der großen Mutter – bin geborgen und sicher. Mit der himmlischen Erdenschnur bin ich mit der Erde verbunden und lasse mit ihr die goldene Flamme Salomo in die Erde fließen. Auch für Mutter Erde.

Bitte um eine Heilung für Mutter Erde – mögen alle wunderbaren göttlichen Energien sie durchdringen, sie reinigen und ihre Tränen trocknen.
Ich würdige die große Göttin und Mutter Erde.

Ich bitte um Erdung und Zentrierung – mit der weiblichen Schwingung der goldenen Flamme Salomo.
Um meine weiblichen Seiten auf Erden auszuleben.
Damit das, was durch mich geboren werden möchte, auch geboren wird.

Goldene Flamme, ich bitte dich, scheine in mein ursprüngliches Sein und tief in mein Erdenherz hinein – verbinde mich mit Mutter Erde und der großen Göttin. Mein Erdenherz ist weich und warmherzig – voller Weite und Gelassenheit.

Goldene Flamme Salomo – verbinde mich mit meinem Erdenlicht und meiner Erdenkraft – lasse mein urweibliches Erdenlicht in mir leuchten.
Mit meinem weiblichen Licht der Erde bin ich mit dem Licht meiner Ahninnen und Urahninnen in der Tiefe verbunden.

Ich nehme meine erdige Stärke an und verwurzele mich in den weiblichen Linien und Strukturen von Mutter Erde.

Mit meiner Erdung handele ich klar und fokussiert – und setze meine Grenzen. Ich komme in meiner inneren Mitte an – wie ein heller Strahl scheine ich.

Meine Erdenergie fließt mehr und mehr – mit der weiblichen Energie der goldenen Flamme Salomo. Ich bin mit dem Herz von Mutter Erde verbunden – mit dem goldenen Licht der Quelle. Die Erdenergie strömt in meinen Körper, in meine Seele und in meinen Geist. Auf allen Ebenen meines Seins. Ich bin mit der Fülle der Erde verbunden.

Ich bin im Schoß der großen Mutter aufgehoben – gehe in ihrer Spur – bin in ihr genährt und gehalten.
Geborgen in dem Körper der Erde.
Ich bin ganz bei mir. Ich bin, die ich bin. Ich bin.

Im Jetzt.
Danke. Danke. Danke.«

Atme Erdung ein, halte kurz inne und verankere deine Erdung in dir. Atme Erdung aus und gib sie weiter ins Leben hinein.

Die Erde ist ein Körper.

Entscheide dich, immer mehr aus deiner Erdenstärke heraus zu leben.
So bist du gut verwurzelt mit der Göttinnenschwingung von Mutter Erde.

Himmel und Erde verbinden sich – auch in uns.
Das Himmelreich ist hier und jetzt auf Erden.

Je geerdeter und zentrierter du in deinem Körper bist, desto stärker fließen deine Energien in dir und desto mehr kannst du empfangen und geben. Dein Energiekreislauf fließt in einem heilen Kreislauf in dir - er ist in sich geschlossen -, um sich zu öffnen und zu empfangen und zu geben.

Du empfängst das Göttinnenlicht der Erde - und gibst es weiter.
Aus deinem Heilsein und deiner Fülle heraus empfängst du, gibst du - und verschenkst dich. Angeschlossen an die göttliche Flamme der Quelle, die uns alle umgibt.

Gehen wir so, als ob wir mit unseren Fußsohlen den Boden küssen wollten.
Es erdet uns.

Wir sind der Göttin so nah.

Weiblichkeit/der Kreis der weisen Frauen – mit Anrufungen

Ein ritueller Frauenkreis, der aus Urzeiten herrührt, ist der *"Kreis der weisen Frauen"*. Er symbolisiert die zeitübergreifende Solidarität der Weiblichkeit – unserer Schwesternschaft.

Auf dem Weg zu unserer inneren Göttin können wir ihn visualisieren und diesen rituellen Kreis um Unterstützung bitten. Wir sind nicht alleine, niemals, sondern wir sind mit all unseren Schwestern im Geiste verbunden – die urweibliche Verbindungslinie lebt in uns. Wir können uns immer mit dem *"Kreis der weisen Frauen"* verbinden", wenn wir es möchten.
Unser Zusammenhalt ist magisch und wir sind aufgehoben in der staunenden Strahlkraft des Urweiblichen – die in uns wohnt.

Möchtest du dich mit deinem urweiblichen Sein rückverbinden?
Mit deinen weiblichen Linien und Strukturen?
Bist du bereit, immer mehr in dir anzukommen und zu erblühen?
Zu den Wurzeln der Göttin zurückzukehren und dich tief auf dein "Frausein" einzulassen?

Wenn du magst, setze dich im Geiste in den *"Kreis der weisen Frauen"* hinein: Stelle dir vor, wie du dich in ihm befindest.
Der *"Kreis der weisen Frauen"* bildet einen Kokon um dich.
Atme tief ein und aus und drehe dich im Kreise.
Blicke in ihre sanften, gütigen Gesichter.

Wisse: Du bist nicht allein, und wenn du bei einer Entscheidung Hilfe und Unterstützung brauchst, frage die weisen Frauen. Blicke in ihre Augen und nimm ihre Liebe, ihre Weisheit, ihre Stärke und ihr Wohlwollen an, sie freuen sich mit dir. Sieh ihr Licht. Sie erkennen und sehen dich. Und dein Licht - mit all deinen wahren Gesichtern, die in dir leben.

Sie geben wie mit einem Staffelstab das weibliche Licht und die weibliche Macht an dich weiter. Um mit der wahren Schönheit der weiblichen Stimme zu sprechen - und unsere verschiedenen Seiten in Balance zu bringen.
Um unsere Lieben und die Welt zu umarmen.

Der *"Kreis der weisen Frauen"* unterstützt dich bei allem, was du dir wünschst, hier auf Erden zu empfangen und zu gebären - so dass du immer mehr in Einklang mit der Schöpfung und deinem Seelenplan sein kannst, um deine Lebensaufgaben zu leben.

Der *"Kreis der weisen Frauen"* vermittelt dir eine geerdete Spiritualität, um mit einer klaren, körperlichen Präsenz in der Gegenwart zu sein.
Komme dir immer näher. Sei du. *Erinnere dich - an dich!*

ෆ *Für die Stärkung deiner Weiblichkeit - mit all ihren Eigenschaften und Rollen:*

Schaue in die Gesichter der weisen Frauen und atme tief ein und aus. Atme tief ein und aus. Mit deinem Atem verbindest du dich immer mehr mit deinem Körper und deiner weiblichen Kraft.

Verbinde dich mit ihrem Kreis.

Sage:

»So empfange ich die Flamme der Urweiblichkeit.
Nehme meine weibliche Stärke an.
Ihre Klarheit, Wärme und Weite.

Ich würdige die verschiedenen Rollen des Weiblichen, die alle in mir leben: das wilde Mädchen, die Anführerin, den zarten Engel, die göttliche Diva, die zornige Frau, die Prinzessin und Königin, die Femme fatale, die Rebellin, die Mutter, die moderne Hohepriesterin, die Hexe und die Heilige ... und so viele mehr.

Ich nehme meine weiblichen Eigenschaften an: das Nährende, die Stärke der Liebenden, auch das aufopfernd Liebende, die Authentizität meiner Urweiblichkeit, das Verzeihende, die weibliche Führungsstärke, die Hingabe, das Mädchenhafte, den weiblichen Stolz, das natürliche Frausein sowie die kriegerische weibliche Kraft, das weibliche Rückgrat, den weiblichen, heiligen Zorn, den Liebreiz, die Anmut ... und so viel mehr.

Ich fühle mich gesehen, geliebt und gehalten – von dem Kreis der weisen Frauen.
Bin mit ihrem Lachen und ihren gütigen Augen verbunden – sowie mit der rituellen Lebenslinie der Frauen.

Im Jetzt.
Danke.«

Atme tief ein und aus.

Wisse, du bist mit dem Weiblichen in allen Facetten verbunden und kannst sie in der Tiefe deines Lebens ausleben. Die Früchte deines Lebens genießen. Die Shakti-Kraft des Universums lebt in dir.

Atme bewusst ein und aus und richte deine Aufmerksamkeit auf deinen Atem. Mit diesem Gewahrsein kommt dein Atem immer tiefer in dir an.
Sage:

»Ich danke dem Kreis der weisen Frauen.
Dankbar sage ich ja zu mir und zu meiner weiblichen Kraft.
Seit Anbeginn der Zeit sind wir in einer weiblichen Linie miteinander verbunden. Aus diesem tiefen Wissen um unsere Verbundenheit geben wir uns gegenseitig Stärke und halten uns auch in unseren Tränen …

Ich bitte um eine Unterstützung für all das, was ich in meinem Leben empfangen und erschaffen möchte. Mein Schöpfungspotenzial stärkt sich mit dem ›Kreis der weisen Frauen‹. Ich komme mir immer näher und verwurzele mich tiefer und tiefer in mir und meiner weiblichen Spiritualität – ich integriere sie in meinen Lebensalltag. Ich rückverbinde mich mit den Linien und Spuren des Urweiblichen.

Ich verbinde mich mit der weiblichen, kristallinen Urenergie und der weiblichen Urkraft an sich. Goldene Flamme Salomo, bitte verbinde mich mit der Urmatrix des Seins und mit meinem weiblichen Urvertrauen.

Es ist schön, eine Frau zu sein. Ich ehre meine Weiblichkeit.
Nehme die Verantwortung dafür an. Wir sind in einer heiligen Schwesternschaft verbunden.
Im Hier und Jetzt.

Im Jetzt.

So sei es.

Danke. Danke. Danke.«

Atme tief ein und aus.

ભ *Für eine Heilung von weiblichen Wunden, kollektiven Urängsten und der weiblichen Täterrolle:*

Atme tief ein und aus und sage:

»Goldene Flamme Salomo und die Quelle des Urweiblichen: Ich öffne mich für eure heilsamen Schwingungen und bitte darum, meine Verletzungen und Traumata, die mit meiner Weiblichkeit zu tun haben, zu harmonisieren und zu heilen – kommen sie aus diesem Leben oder aus einem früheren. Ich würdige meine weiblichen Wunden und Ängste.

Goldene Flamme Salomo und große Göttin, ich öffne mich für eure Energie und bitte darum, das Weibliche zu harmonisieren und zu heilen, wo es in der Täterrolle war oder ist: dort, wo das Weibliche sich selbst verleugnet und sich nicht annimmt. (Sondern versucht, wie das Männliche zu sein.) Dort, wo es sich über das männliche Prinzip erhebt. Wo das Weibliche die Stärke der erotischen Kraft missbraucht. Und dort, wo das Weibliche wegschaut und sich nicht den eigenen Themen stellt. (Sich selbst in eine Opferrolle hineinbegibt.) Und auch dort, wo es in Neid und Konkurrenzdenken verhaftet ist.

Erleuchtet diese Muster mit ihren zugrunde liegenden Ängsten und Traumata immer mehr mit euren heilsamen Schwingungen – auf kollektiver Ebene.

Ich sehe und würdige die weibliche Urangst vor dem Machtmissbrauch des Männlichen und bitte um die heilsamen Schwingungen der Quelle, um in dieses Thema hineinzufließen mit dem goldenen Licht.

Ich bitte um eine Harmonisierung und Schwingungsanhebung der Angst – beispielsweise der Angst vor dem Alleinsein oder auch der Furcht, ohne einen Mann nicht überleben zu können oder einem Mann gefallen zu müssen, um zu überleben. Diese Prägungen, die seit Urzeiten in uns Frauen – in unserem Zellbewusstsein und auf kollektiver Ebene – (zum Teil noch) vorhanden sind, löse ich jetzt auf.

Im Jetzt.
Danke. So sei es.«

Atme tief ein und aus.

Tritt aus dem Kreis der weisen Frauen heraus und verbeuge dich im Geiste vor ihnen und vor der Quelle.

Gedanken/die große Göttin

In dem Begriff "große Göttin" sind die Göttinnen aus allen Zeiten vereint. Die große Göttin ist der weibliche Aspekt der Schöpfungsurkraft, die Quelle.

Von unseren Religionen wurde die große Göttin totgeschwiegen, das Weibliche wurde "verteufelt". Die Unterdrückung der Frau begann und setzte sich immer stärker fort.
Doch unsere Welt braucht die dem Männlichen gleichgestellte Weiblichkeit zwingend.

Das Göttliche kommt heutzutage verstärkt auf die Erde.
Die Verbindung zu der Zeit, in der Jesus lebte – sie ist jetzt da.
Die Verbindung von Gott und der großen Göttin – sie ist da. Sie war immer da. Jetzt geht es darum, sie auch zu leben.

Salomo, als eine androgyne Wesenheit aus der universellen Quelle, bringt die (weibliche) goldene Flamme Salomo mit. Mit ihrer weiblichen Schwingung eröffnet uns die goldene Flamme Salomo verschiedene göttliche weibliche Aspekte ... bis hin zur weiblichen Essenz unserer Schöpfung, der großen Göttin.

In früheren Zeiten, vor allem in denen mit matriarchalischen Struk-turen, war der Kontakt zu den Göttern und Göttinnen für uns sehr wichtig. Der Kosmos und die Erde wurden mehr als ein weiblicher Organismus angesehen, aus dem ständige Lebenskraft hervorkommt und wieder zu ihm zurückfließt. Das geht aus den uralten Schriften, die es vor unseren "Buchreligionen" gab, hervor.

Auch waren es in unserer Geschichte vor allem viele Heilerinnen und Schamaninnen, die einen unmittelbaren Kontakt zwischen der sichtbaren und der unsichtbaren Welt herstellen und vermitteln konnten.

Was den Menschen so lange verloren schien, kommt nun immer mehr zum Vorschein, als eine tiefe Sehnsucht - "nach Hause" zu kommen. In den Kontakt zur weiblichen Seite der Herzensquelle zu gehen - ob wir ein Mann oder eine Frau sind -, um von ihr genährt, gewiegt und gehalten zu werden.

Die Große-Göttin-Schwingung ist wie der Arm einer liebenden Mutter. Wie ein sehr starker, haltender und gebender Arm.

Ihr Lachen strahlt aus jedem reinen Herzen und aus unschuldigen Kinderaugen - wie auch aus dem goldenen Quellenlicht.

Öffnen wir uns für die "alten Göttinnen", um sie wiederzubeleben. Finden wir einen eigenen Zugang zu ihnen.
Wir können das ursprüngliche Wissen und den Kontakt zum Urweiblichen neu verankern - in einem modernen Sinne.

Wir können immer mehr vertrauen, loslassen und entspannen - in dem Raum des weiblichen Lichts.

Jede Göttin spiegelt eine bestimmte Facette des Femininen wider.

Es geht darum, die Kräfte der Weiblichkeit mit ihren Energien zu bündeln und unser weibliches Feuer anzuerkennen und anzunehmen.

Die Schmerzen der Frauen, die von der jahrtausendealten Unterdrückung herrühren, wollen gesehen und erlöst werden.

Wo? Wann genau hat die Erde ihre Weiblichkeit verloren?
Ist es jetzt nicht an der Zeit, die tief verletzte Seele der Weiblichkeit
in uns zu sehen und zu heilen? In uns Frauen und auch in den
Männern?
Unsere weiblichen Traumata und die der Erde?

Es geht darum, den Schrei unserer Wunde(n) sanft zu heilen und
sie wieder zu schließen – in einer liebevollen Art und Weise. Mit
dem Pflaster der Anerkennung (Würdigung) und reinen Liebe. So
dass die Urweiblichkeit in neuer Blüte und Kraft hervorkommt.
Und die große Göttin des Alls ihr Gleichgewicht leben kann.
So dass wir uns "ur-erinnern" können.

Eine "neu" verstandene Schöpfung, in der Gott und Göttin verbunden und unsere Quelle sind – sie ist da. Sie war es auch
immer, da sie untrennbar ist – genauso wie die Liebe.
Die vermeintliche Trennung – sie tut doch so weh.
In jeder Seele. Gehen wir zur Quelle des Einsseins und erschließen
wir uns wieder unsere Zugehörigkeit zu ihr.
Heilen wir unsere Urwunde der Trennung von unserer Ursprungs-
quelle.

*Die Weiblichkeit nimmt wieder ihren Platz ein. So können wir
unsere Weiblichkeit "neu" leben.*

So dass auch die männliche Seite ihren Platz einnehmen und der
Mann seinen Mann stehen kann. So dass wir gemeinsam die
Linien und Spuren der reinen weiblichen Liebesenergie, der weiblichen Christusenergie, heilen und neu hervorbringen können.
Um zur wahren Quelle zu gelangen, die androgyn ist. Leben wir
aus dieser universellen Quelle der Liebe, die wir in unserer Essenz
sind.

Abwun, so heißt das aramäische Wort in der Bibel im Vaterunser und es wurde mit Vater übersetzt. Die ursprüngliche Bedeutung im Aramäischen, in der Muttersprache von Jesus, ist aber: der Nächste oder die Nächste.

Meinte Jesus mit dem Nächsten nicht Gott bzw. Gott/Vater/Mutter?

Weiter heißt es im Vaterunser: "Liebe deinen Nächsten wie dich selbst."

Wie dich selbst: Vergessen wir uns selbst nicht!

Wäre es nicht schlüssig, in dem Sinne verstanden, in jedem das Göttliche zu sehen wie auch in sich selbst – und dieses Göttliche in den anderen und in sich selbst zu lieben und zu ehren?

Die Liebe zum Göttlichen geht über in die Selbstliebe oder andersherum: von der Selbstliebe in die göttliche Liebe. Die Liebe Gottes annehmen – die Liebe von "Ihm" oder "Ihr", der, die einem am nächsten ist.

Selbstliebe nicht als Egoliebe verstanden, sondern als eine Würdigung von uns in der Tiefe, wo wir mit dem Alles-was-ist verbunden sind.

Abwun: der oder die Nächste. Kein männlicher Gott. Sondern weiblich und männlich zugleich. *Die Quelle* ... in der beide Geschlechterrollen vereint sind und die geschlechtslos, androgyn ist.

Der Glaube an einen männlichen Gott, der die Welt geschaffen haben soll, kann und muss erneuert werden.

Die Hütte brennt. Es ist Zeit.

Sehnen wir uns nicht so sehr nach Frieden?

129

Danach, unseren "Geschlechterkampf" und den der Religionen endlich zu beenden und in eine Freiheit zu kommen (in uns und in der Gesellschaft)?

Die heutigen Zeiten sind ein großes Geschenk – in ihnen ist sehr viel Heilung möglich. In der neuen Zeit, in der wir uns befinden, brechen alte Strukturen immer stärker auseinander. Beziehungen, die nicht mehr stimmig sind, gehen mehr und mehr – da immer weniger "Unechtes" aufrechterhalten werden kann. In dieser Zeit gelangen wir (in gewisser Weise) zu unseren Ursprungskräften und kleiden sie in ein neues Gewand.

Aus der Zerstörung entsteht Neues. Unser Erweckungsprozess kann heute mit mehr Leichtigkeit und Freude vonstattengehen – durch die Unterstützung der vielen wunderbaren Schwingungen der neuen Zeit. Sie scheinen um uns herum und wir können immer stärker auf sie zugreifen.

Nehmen wir uns mit unserem Ego immer häufiger zurück, verneigen wir uns vor der Schöpfung und bitten wir um eine Verbindung mit den heilsamen, reinen Frequenzen.
Leben wir aus dem Halt, den die große Göttin bietet.
In ihr sind wir im großen (universellen) Sein, dem Alles-was-ist, geborgen.

Netzwerke sind überall. Es geht um die Verbindungen – in einem selbst und im Außen. Wofür das weibliche Prinzip steht.
Die Zeiten des Egotrips verschwinden. Zusammen – miteinander – Verbindung – Einssein: Das sind die Schlüsselworte.

Das Weibliche möchte die Welt umarmen – sie stärken, verzeihen, sich aussöhnen und in Balance bringen.

Die große Göttinnenenergie ist wie eine reine Mutterliebe, eine nie versiegende. Was immer auch geschieht, was sie auch erleidet, sie ist und bleibt in der bedingungslosen Liebe – in der Ganzheit.

Anrufung für die Göttin in dir

Die Göttin in dir erwacht.

"Ich atme tief ein und aus und bin dankbar für diesen Moment. Für diesen Moment, in dem ich mich meiner inneren Göttin widme. Wie die große Göttin, die ich im Außen verehre, erwacht die Göttin in meinem Inneren."

In dem Lachen von uns Frauen steckt Kraft, Neugier, Lebenslust und eine natürliche Hingabe ans Leben. Unsere innere Göttin verkörpert eine kraftvolle Weiblichkeit – Fruchtbarkeit auf vielen Ebenen und eine tiefe, uralte Macht. Mehr und mehr gehen wir den Weg unserer inneren Göttin, je näher wir uns kommen.

"Göttinnen" wissen, was sie wollen und treffen ihre eigenen Entscheidungen. Sie hören auf, auf den Prinzen zu warten, der sie erlöst. Sondern sie nehmen ihr Leben selbst in die Hand – nehme es als die Göttin an, die sie sind.

Sie gehen aus ihrer Stärke ins Miteinander und ins Erschaffen hinein. Trotz aller widersprüchlichen Emotionen und aller Widrigkeiten. Vertrauen sich dem Leben an. Erlauben sich, die Stille zu erfahren, sich selbst zu umarmen und zu lieben. Sich zu nähren und sich selbst treu zu sein. Erlauben sich, sich auch einmal schwach und klein zu fühlen. Ruhen sich aus und schöpfen Kraft aus ihrem Innehalten. Sie sagen ihre Meinung, zeigen Rückgrat und vertreten ihre Werte. Erlauben sich, aus verletzenden Situationen herauszugehen. Stehen loyal zur Wahrheit und zur Liebe.

Göttinnen wissen auch, sie müssen nicht alles alleine tun.

Die geistige Welt steht hinter uns. Die Verbindung zur göttlichen Quelle ist immer da. Mehr und mehr können wir aus der Quelle handeln.

Leben wir das Juwel der Weiblichkeit und gehen wir in den Spuren und Linien der Göttin ... weiter und weiter.

ℛ Anrufung für die Verbindung mit deiner inneren Göttin

Lege deine Hände auf deinen Körper und verbinde dich mit deiner inneren Göttin. Schenke dir ein inneres Lachen. Fühle deine Haut und deine Aura um dich herum. Nimm wahr, wie du in deiner Aura aufgehoben bist, wie in einem Ei – in dem du geschützt und sicher bist. Atme bewusst ein und aus. Gib dir ein inneres Ja und fühle deinen Atem. Sage laut oder innerlich:

»Goldene Flamme Salomo – wecke das Lachen der Göttin in mir. Ströme in mein Herz und entzünde mein eigenes Göttinnenlicht.
Die Flamme meiner inneren Göttin brennt.
Zusammen mit einer diamant-rosa-rot-magentafarbenen Flamme leuchte bitte, Flamme Salomo – in meine Göttinnenstärke. Mögen diese bunten Lichter alles niederbrennen, was meiner Göttinnenkraft im Wege steht.
Ich bin mit der großen Göttin verbunden.

Die Sinnlichkeit und die Lebendigkeit meines Frauseins stärken sich mit der Verbindung zu meiner inneren Göttin. Mein natürliches Antlitz kommt hervor. Meine Anmut und meine Demut.

Ich ehre die große Göttin und lebe die Weite, das Weiche und Tiefe meines weiblichen Herzens. Ich fühle mich geborgen in den Armen der großen Mutter.
Gehe den Weg meiner inneren Göttin, weiter und weiter.

Im Jetzt.
Danke. Danke. Danke.«

Atme tief ein und aus.

Diamant ist die Farbe der kristallinen Urmatrix der Weiblichkeit, der Urahnen – die Göttinnenfarbe.
Rosa ist die Farbe des Herzens und des Urvertrauens.
Magenta ist eine Farbe des heiligen Christuslichtes.
Rot ist die Farbe das Blutes und symbolisiert die Weiblichkeit mit ihrer gebärenden Kraft, die moderne Hohepriesterin, die Erdung, Sinnlichkeit, Erotik und die Leidenschaft.
Und Gold ist die stärkste Schöpfungsfarbe und die Farbe der goldenen Flamme und der goldenen Flamme Salomo. Sie symbolisiert Fülle und Reichtum. Die Öffnung zur Einheit, zur Quelle, zum höchsten Ursprung.
Dieses sind die Farben, die am stärksten fließen für die Göttinnenenergie. Wenn dir andere Farben in den Sinn kommen, lasse sie genauso strömen.

Lege deine Hände auf deinen Körper und nimm ihn wahr. Mit all deinen Sinnen. Mit einem Staunen und einer Wachheit.
Entdecke ihn neu – entdecke dich neu. Fühle deine Haut und deine Hände, wie sie auf deinem Körper liegen. Spüre deine Berührung.
Atme bewusst ein und aus, strahle dich innerlich an und atme immer tiefer in deinen Körper hinein.

Sprich innerlich oder laut:

»Goldene Flamme Salomo, verbinde mich mit deiner weiblichen Schwingung aus der Quelle – mit meinen ureigenen Zugang zur großen Göttin. Meine Göttinnenkraft, meine Göttinnenweisheit und mein Göttinnenselbst kommen immer mehr hervor – meine göttliche (bedingungslose) Liebe.

Meine kosmische Anbindung wird gestärkt – mit dem goldenen Licht.

Ich fühle mich gesegnet.

Möge ich mit allen Schwestern im Geiste verbunden sein. Ich empfange den Samen der großen Göttin, pflege und hege ihn und gebe diesen Göttinnenfunken weiter. Wie in einem universellen Staffellauf verbinden wir uns immer mehr. Der Göttinnenkreis ist da – hier und jetzt in einer geerdeten Kraft. Die große Göttin lebt in uns – in uns allen.

Danke. Danke. Danke.
Zum Wohle aller.«

Atme deine Göttinnenschwingung ein und atme deine Göttinnenschwingung aus. Komme in der Fülle deiner Urweiblichkeit an.

Atme tief ein und aus und verbinde dich mit deiner inneren Göttin. Sage laut oder innerlich:

»Goldene Flamme Salomo und große Göttin, ich bitte darum, die weiblichen Traumata der Erde mit eurem Licht und mit eurer Liebe zu harmonisieren und zu transformieren. Wo und wann immer sie

auch entstanden sind. Eine tiefgreifende Heilung für die Wunden der Weiblichkeit geschieht.

Die Weiblichkeit nimmt den ihr zustehenden Platz ein. Sie heilt mit dem goldenen Ursprungslicht in ihrer Ursprünglichkeit – bis zu ihrem Ursprung. Eine neue, heilere und stärkere Weiblichkeit erwächst mehr und mehr auf der Erde.

Der weibliche Selbstwert und das weibliche Selbstverständnis in der Welt stärken sich mit der Verbindung der Welt zur großen Göttin. Das weibliche Sein ist sich seines Selbst immer mehr bewusst und wird mehr und mehr aus sich selbst heraus geboren – aus dem Sein des Universums. Im Licht der großen Göttin.«

Atme tief ein und aus. Mit deinem Herzen. Atme ein, lache dich an. Atme aus und lache die Welt an. Du bist die Sonne – verbunden mit dem (universellen) Sonnenlicht.

Göttin Isis

Göttin Isis wird als sehr mächtige, wenn nicht sogar oft als die mächtigste Göttin angesehen. Sie lebte dem Mythos nach in einer Zeit, in der die Menschen den Göttern und Göttinnen näher waren und die verschiedenen Seinsebenen, auch die zwischen Leben und Tod, mehr miteinander verbunden waren.

Erstmalig erschien sie in den Schriften des alten Reiches, das ca. 2700 vor Christus existierte und das die alten Ägypter auch das goldene Zeitalter nannten. (Schließt sich hier nicht vielleicht auch ein weiterer Kreis zum beginnenden goldenen Zeitalter der Moderne?)

Isis wurde bis ins römische Reich hinein tief verehrt. Im Christentum wurde sie jedoch häufig mit Maria gleichgesetzt und daher oft nicht mehr weiter erwähnt. Und doch bahnt sie sich immer wieder einen Weg in unser Gedächtnis, und im heutigen Zeitgeist spielt sie eine immer größer werdende Rolle.

Was für eine Geschichte die mythologische Urgöttin doch hat: Mit ihrem Bruder Osiris verband sie eine sehr tiefe Liebe und sie lebten sogar als Ehepaar zusammen. Doch Osiris wurde von einem weiteren Bruder, Seth, der sehr eifersüchtig war auf sie und ihre Verbindung, umgebracht.

Dem Mythos nach gelang es Isis inmitten ihrer tiefen Trauer, die sie sehr bewusst zuließ und durchlebte, Osiris mit ihren magischen Kräften wieder zum Leben zu erwecken. Sie versöhnte sich bei diesem heiligen Prozess im tiefen Schmerz auch mit dem Tod – dem Übergang – und kehrte ins vollkommene Lebenslicht der Freude ein.

Sie gebar ihren Sohn von Osiris, Horus, und gründete eine Mysterienschule für Hohepriesterinnen, in der es der Legende nach oft sehr fröhlich zuging, ein Ort voller Leichtigkeit und Lebensfreude.

So vereinigte Isis mehrere Rollen in sich: die der Geliebten, Ehefrau und Mutter und die der erfolgreichen Geschäftsfrau und Heilerin. Isis will uns dadurch mitgeben, dass wir auch heute all unsere verschiedenen Rollen gleichberechtigt nebeneinander leben können.

Außer als Göttin der Magie wird Isis als Muttergöttin, als Weisheitsgöttin, als Göttin für Heilkräfte, Göttin der Intuition und der Wiedergeburt und als Totengöttin verehrt. Ihre Energie können wir in jede Lebenslage mit hineinnehmen, da sie die vollkommene Lebensfreude ist.

Die Göttin Isis richtet die Naturkraft für unser Leben neu aus. Mit dem Integrieren der Isis-Energie tritt unsere wahre Natur stärker hervor und wir können unser Leben neu ordnen. So erfahren wir einen tiefen Halt und eine Geborgenheit in unserem Sein. Isis bestärkt uns in dem Vertrauen zu unserer Intuition und darin, unserer inneren Stimme zu folgen.

Wir bekommen durch die Verbindung zur Isis-Energie einen stärkeren Zugang zu unserem Wissen und unserer inneren Wahrheit. Zu unserem Lebensglück und den wahren Heilkräften, die in uns liegen. Wir können sie neu entdecken, stärker hervorholen und ein größeres Vertrauen in sie entwickeln. Auch in unsere Selbstheilungskräfte. Wir verstehen und fühlen mehr und mehr, dass alles in uns liegt und schon da ist.

Die Isis-Schwingung ist so liebevoll mit ihrer umarmenden Lebenskraft, dass ich mich einfach nur in ihre Arme legen möchte, um ihre Liebe zu spüren und zu genießen. Wenn ich an Isis denke, spüre ich eine Wärme und ein Prickeln. Und eine tiefliegende Freude, die in mir ist. Ich kann nicht anders, als zu lächeln.

✄ Geliebte Isis

Deine Wärme und deine Weichheit fühle ich.
Mit all deiner Stärke und unbändigen Lebensfreude.
Spüre die Sehnsucht in mir, von dir gehalten und gewiegt zu werden.
So dass ich fühle, alles ist gut und alles war gut. Alles.

Ich seufze und atme tief aus an deiner so nährenden und heilsamen Brust.
Lege meinen Kopf nieder – du hältst ihn.

Gibst mir Liebe, Kraft und Geborgenheit.
Bei dir fühle ich mich sicher und vertraue.
Will einfach nur leben und glücklich sein. Freude erfahren.
Ich glaube – ich bin. Deine Seinskraft fühle ich am Puls der Zeit.

Sie will in mir erwachen.
In einem glücklichen Schrei des Universums geboren werden.
Mit vollkommener Lebensfreude.

Nun.
Ich erwache im Traum an einem Ufer am Licht.
Wiege mich selbst im Glanze hin und her.

Blinzle und öffne die Augen.

Anrufung für die Isis-Energie

Für die Verbindung mit der Isis-Schwingung

Atme tief ein und aus und verbinde dich von innen mit deinem Körper.

Die goldene Flamme Salomo bereitet dir den Pfad, auf dem du dich mit der Isis-Energie verbinden kannst. Atme Sauerstoff ein und atme einen Teil des Sauerstoffs in deinen Körper aus. Lege deine Hände auf deinen Körper und sprich leise oder laut:

»Ich setze die Absicht, die Flamme von Salomo in meinem Herzen zu fühlen und mein Licht anzuzünden. Ich setze die Absicht, mich mit meiner goldenen Flamme im Herzen mit der Göttinnenschwingung der Isis zu verbinden, und schalte die Isis-Energie an.

Die Wärme und Weisheit von Göttin Isis durchflutet mich. Sie nährt mich und überträgt die Gabe auf mich, mich selbst zu nähren. Mir selbst eine gute Mutter zu sein, mich zu ehren und meine Grenzen setzen zu können.
So dass ich auch eine gute Mutter sein kann.
Mit der Schwingung der Isis umarme ich meine Lieben und gebe ihnen meine Liebe.

Das Gefühl, dass alles in mir ist, was ich brauche, wird mit der Isis-Liebe verstärkt. Mein Vertrauen in meine Fähigkeiten und Talente, die in mir leben und die sich aus mir selbst heraus entfalten, wächst. Mein Selbstrespekt und meine Selbstliebe heilen.

141

Mein uraltes Wissen, meine Heilfähigkeiten und meine mir innewohnenden Intelligenzen stärken sich. Ich vertraue meiner mir innewohnenden Weisheit und folge mehr und mehr meiner inneren
Wahrheit. Der Zugang zu meiner Intuition stärkt sich mit dem Spirit
der Göttin Isis.
Sie schenkt mir Leichtigkeit und Freude.

Ich lebe alle meine Rollen in meinem Leben aus. Nebeneinander.
Die Isis-Energie fließt in meine Berufung und meine beruflichen
Rollen. Ich finde immer mehr meine wahre Berufung, kommuniziere
klar und spreche mit meiner authentischen Stimme.

Ich trete bewusst in das Feld der unendlichen Lebensfreude.
Mein Glück liegt in mir.
Mit der Isis-Schwingung nehme ich meine weibliche Fülle, Wärme
und Liebe an.

Im Jetzt.
Danke.«

Atme Fülle tief ein, verbinde dich mit deiner inneren Wahrheit und
atme Fülle aus.

Die Würde als Frau heilt. Das Mädchen in uns heilt.
Die Heilkraft der Isis ist mit der urweiblichen Seinskraft und der
weiblichen Schöpferkraft verbunden. Das Geschenk von Isis an
uns ist, dass wir lernen, uns mehr und mehr selbst zu nähren und
eine aktive Rolle in unserem Leben einzunehmen. Den Weg unserer
Freude zu gehen.

❧ Für die Schöpferkraft mit dem Isis-Heilstrom

Atme tief ein und aus und verbinde dich mit deinem Inneren.
Lege deine Hände auf deinen Körper und sprich leise oder laut:

»Göttin Isis, ich öffne mich für deine Schwingung und empfange sie. Danke, dass die Lebenskraft der Isis in mir fließt. Die Heil-, Seins- und Schöpferenergie der Isis integriert sich in mir, auf allen Ebenen meines Seins: geistig, seelisch und körperlich.

Meine Schöpferkraft ist klar und zielgerichtet. Ich lebe immer mehr meine Potenziale. Die goldene Flamme Salomo lasse ich, zusammen mit der Isis-Energie, in meinen ursprünglichen Selbstwert fließen.

Mein Lachen und meine Leidenschaft fürs Leben sind da – mit der Isis-Liebe. Ich erfahre meine Wärme, eine Anmut und Leichtigkeit des Lebens.

Im Jetzt.

Danke.
So sei es.«

Atme Lebensfreude ein und atme Lebensfreude aus.
Umarme dich und umarme die Welt, wenn du magst.

Venus – Glanz der Weiblichkeit – Venuslicht und Salome-Schwingung

Gedanken/Venus

Alleine der Name: VENUS ...
... ist pure Sinnlichkeit und zergeht einem doch auf der Zunge, nicht?

V wie Verführung, Verliebte, Vertrauen, Verschenken, Verbindung, Verkörperung und Vollkommenheit?
Zu was möchte dich die Venus verführen?

Venus ist zum einen die antike Göttin der Liebe. Oft wird sie auch mit der griechischen Göttin Aphrodite, der Göttin der Schönheit, Erotik und der Leidenschaft, gleichgesetzt.
Die Göttin Venus symbolisiert die Weiblichkeit mit vielen Facetten. in ihrer Sinnlichkeit, ihrer Eleganz und tiefen Schönheit, ihrer Verführungskunst, Leidenschaft und Fruchtbarkeit, ihrer femininen Leichtigkeit, ihrer weiblichen Reinheit, ihrer Mystik, ihrem Strahlen, ihrer Hitze, ihrer Verspieltheit und ihrer erotischen Kraft.

Zum anderen ist Venus ein Planet, und als Himmelskörper wird sie auch als "Mutterplanet" verehrt. Sie ist der Planet, der der Sonne am nächsten steht. Die Hitze auf der Venus wird zudem Höllenfeuer oder heiliges Feuer genannt. Es verbrennt die seelischen, die geistigen und die körperlichen Wunden der Frauen. So schließt sich ein Kreis zu der goldenen Flamme Salomo. Und zu der geistigen Zentralsonne, aus der alle Himmels- und Erdenkörper entspringen, mitsamt ihren reinen Energien des himmlischen Lichts.

Die Göttinnenenergie der Venus, die in der heutigen Zeit (in der sich die Schleier zwischen den Welten immer stärker lüften) immer mehr auf die Erde kommt - beinhaltet die reine, volle weibliche Energie:
die Venus-Energie.
In ihr lebt die weibliche Seinsenergie des "Kommenlassens".
Und die Stärke der weiblichen Gelassenheit und des Urvertrauens in unsere weiblichen Seiten.

Die Schwingung der Venus vermittelt uns ein Gefühl der Selbstverständlichkeit des Frauseins an sich - mit allen Facetten des weiblichen Daseins. Mit der Sprache der Erotik und des Begehrens, die in uns liegt. Auf eine natürliche Art und Weise.
Wir sind sinnlich, leidenschaftlich und tragen das Wissen in uns, begehrenswert zu sein.

Und wir begehren. Oh ja - wir begehren. In dem gegenseitigen Verlangen und der Anziehung zwischen dem Männlichen und dem Weiblichen liegt eine Magie: ein natürlicher Charme mit einer starken erotischen Kraft, die uns das Spiel des Lebens schenkt.

Wir setzen Grenzen und ergreifen das Wort.

Genauso wie wir bestimmen, ja zu sagen, bestimmen wir auch, nein zu sagen.

Wir flirten mit dem Leben und setzen Zeichen.

Nehmen wir die uns übergestülpten sozialen und kollektiven Muster ab und haben wir den Mut, zu unserer weiblichen Kraft zu stehen.

Ohne Schleichwege.

Stehen wir zu all unseren Gefühlen – mit unserer Weite, unserer Power und Süße.

Je mehr wir die weibliche Urenergie integrieren, desto mehr heilt auch unsere männliche Seite, da sich beide Pole bedingen und gegenseitig unterstützen.

Schätzen wir unser Verschiedensein und unsere Einzigartigkeit.

Mit der Annahme der Venus-Energie stärken wir unsere wahrhaftige Schönheit und die Natürlichkeit des Frauseins.

Unsere Sinnlichkeit und Ausstrahlung erblühen immer mehr.

Nicht zuletzt gilt die Venus mythologisch auch als eine Fruchtbarkeitsgöttin.

Ihr Ehrentag ist der 1. April.

Das Feuer der Venus-Energie ist da.

Ihre Schwingung erhöht unsere Strahlkraft.

Die Schwingung der Venus belebt unsere urweibliche Strahlkraft, die aus der Tiefe der weiblichen Seelenwelt kommt, und lässt unser Meer der Lust in einem neuen Glanz erstrahlen.

Anrufung für die Strahlkraft der Venus

Mit der Venus-Energie kommen wir in unsere Stärke der Liebe, mit all ihren sinnlichen Facetten, indem wir uns unserer Weiblichkeit immer bewusster werden – mit unserer inneren und äußeren Schönheit.

Aus dem bewussten Wissen um die eigene Kraft erwächst auch eine große Verantwortung für jeden Menschen. *Heutzutage gehen wir durch unsere Herzheilung durch das Portal der Liebe und der Macht.* Mit der Liebe im Herzen bekommen wir einen immer stärkeren Zugang zu den höherstehenden Energien. Wir sind dadurch geschützt, da sie in ihrer Qualität und Quantität an die Öffnung unseres Herzens gebunden sind.

Lege deine beiden Hände auf dein Herz und atme tief ein und aus. Freue dich auf die Venus-Energie und dein wahres Strahlen. Sprich laut oder innerlich:

»Ich verbinde mich mit der Schöpfung.
Goldene weibliche Flamme – leuchte in meinem Herzen.
Ich setze die Absicht, mich durch das Portal der goldenen Flamme Salomo mit der reinen Energie der Venus zu verbinden und ihre Energie zu empfangen. Die Venus-Schwingung fließt in mir.
Sie hat eine tiefblaue Farbe mit Diamantspritzern. Ich bin ein reiner Kanal für die Venus-Energie.
Die tiefblaue Venus-Schwingung fließt in meinen Körper, in meine Aura, in meine Seele und in meinen Geist. Auf allen Ebenen meines Seins.

Meine ureigene Ausstrahlung ist da – mit der Venus-Schwingung in mir.

Im Jetzt.
So sei es. Danke.«

Atme Liebe ein und atme Liebe aus.

Möchtest du dich noch stärker mit den verschiedenen Qualitäten der Venus-Schwingung verbinden?

Atme dafür tief ein und aus, lege deine Hände auf dein Herz und sage:

»Möge die Sinnlichkeit der Venus in mir zum Vorschein kommen und meine ureigene Sinnlichkeit mehr und mehr aus mir hervorholen.

Möge das heilige Feuer der Venus-Energie sich mit dem heiligen Feuer meiner Weiblichkeit vereinen.

Möge die Venus-Schwingung meine Anmut, meine persönliche Ausstrahlung und meine natürliche Eleganz stärken.

Mögen meine ungekünstelte Schönheit, mein natürlicher Charme und der Glanz und die Eleganz der Venus-Schwingung durch mich scheinen.

Möge die Venus-Energie des Kommenlassens in mir integriert sein.

Mögen meine Verführungssinne, meine Genussfähigkeit und meine mir eigene Erotik und Sexualität wachsen.

Möge ich mein inneres weibliches Geheimnis ehren und meine mir innewohnende Magie.

Möge die dunkelblaue Venus-Energie, die mit Diamantspritzern durchsetzt ist, durch mich scheinen.

Mögen mein Strahlen und mein spielerisches weibliches Sein in einer Leichtigkeit, Zartheit und Power mit den glitzernden Strahlen der Venus verschmelzen.

Möge ich mit der Venus-Energie in die Mysterien der Liebe eingeweiht sein.

Möge ich meine Natürlichkeit, meine Echtheit und die Authentizität meines Frauseins mit der Liebesschwingung von Venus leben.

Möge die Stahlkraft der Venus in mir zum Erblühen kommen.

Im Jetzt.
Danke.«

Atme Sinnlichkeit ein und atme Sinnlichkeit aus. Fülle deine Umgebung mit der Venus-Schwingung aus und mache sie zu einem Ort der Sinnlichkeit. Mit all deinen Sinnen – von deinem Körper, deiner Seele und deinem Geist, die in jeder einzelnen Zelle von dir vibrieren.

Tanze mit dem Venus-Licht.

Sei das Juwel, das du bist.

Anrufung für die Schönheit

Schönheit ist überall zu erkennen – sie hebt die Schwingung in den Himmel hinein. Die Natur zeigt sie uns – leben wir die Natur unserer wahren Schönheit. Erlaube dir, deine dir eigene natürliche Schönheit zu erkennen und zu leben.

Die Schönheit, die ich hier meine, ist die Schönheit, die in allem enthalten ist. In ihrer Ursprünglichkeit.
Unser wahre Natur ist schön. Sie kommt aus der Quelle.

Jede Blume öffnet sich dem Licht.
Die Schönheit der göttlichen Quelle strahlt.
Die Verbundenheit zu unseren weiblichen göttlichen Aspekten bringt die wahre Natur unserer Schönheit hervor.
Du bist schön, genau so, wie du bist. Sieh die Wahrheit darin.
Sei da und sichtbar. In deiner Individualität.
Aus der Tiefe deines wahren Wesens kommt deine Schönheit.

৪ Anrufung

Lege deine Hände auf deinen Körper und atme tief ein und aus. Verbinde dich mit deinem Inneren und sage:

»Ich verbinde mich mit der unglaublichen Schönheit des Himmels und mit der tiefen Schönheit von Mutter Erde.

Ich verbinde mich mit der Schönheit der goldenen Flamme Salomo und mit allen Schöpfungsfarben und -klängen der Quelle.

Ich verbinde mich mit der mystischen Mondenergie.
Und mit der Strahlkraft der Sonne.

Ich verbinde mich mit der Schönheit meines höheren Selbst.
Und mit der wundervollen Schönheit der weiblichen göttlichen Aspekte.

Ich verbinde mich mit der wahren Schönheit unserer Frauenlinie.
Und mit der Schönheit des Urweiblichen.
Mit der Schönheit meiner wahren Natur, meinem eigenen Rhythmus ...

Mit meiner eigenen natürlichen Schwingung.

Im Jetzt.
Danke.«

Atme tief ein und aus.

Sage:
»Ich setze die Absicht, die goldene Flamme Salomo in meinem Herzen scheinen zu lassen, und bitte das Licht, in meinen Körper, in meine Seele und in meinen Geist zu fließen und meine mir eigene Schönheit zu erwecken.

Jede einzelne Zelle meines Körpers erneuert sich mit der Kraft der goldenen Flamme Salomo – so dass ich mich in meinem gesamten Körper voll und ganz, von innen heraus präsent fühle.

Die goldene Schwingung fließt in meine Aura und in meine Augen. Mein Licht strahlt durch meine Augen und ich erblicke es in jedem Menschen, dem ich begegne.

Ich lebe und zeige meine natürliche Schönheit und verbinde mich mit meiner Anmut und Ausstrahlung – die sich in meiner Aura zeigen. Meine natürliche Schönheit fängt an, sich immer mehr zu entfalten, sie erwächst aus meiner Selbstbejahung und dem Ja zum Leben. Sie strahlt durch mich.

Ich spüre die Verbundenheit zu meiner urweiblichen Schönheit. Die zeitlos ist. Mein wahres Antlitz lebt.

Im Jetzt.
Danke.«

Atme tief ein und aus. Atme Schönheit ein und atme Schönheit aus.

Du bist schön, genau so, wie du bist. Sieh die Wahrheit darin.
Sei da und sichtbar. In deiner Individualität.

Deine authentische Schönheit kommt aus deiner Innenwelt – deiner Ursprünglichkeit. Deiner Quelle der Liebe.

Alles ist schön, auch das sogenannte »Unschöne« , was es nicht gibt.
Es liegt im Auge des Betrachters. Es liegt nur an der eigenen Be-
wertung, dem Konstrukt unseres Geistes, was wir als schön emp-
finden und was nicht.

Ein jeder Mensch ist so so so schön.

Nimm Schönheit wahr, und du wirst sie immer öfter anziehen und erkennen. In allem ...

Das Leben ist schön.
Richte deinen Blick auf die schönen Dinge und sie vermehren sich.
Die Energie folgt der Aufmerksamkeit.

Tritt ein in das Feld der zeitlosen Schönheit.

Schönheit hat die Macht, die Illusionen zu durchbrechen - sie hebt unsere Schwingung in den Himmel hinein.

Wir sind schön.

Anrufung zur Verjüngung

Ein Geschenk der neuen Zeit ist es, dass sich unser Körper durch die Verbindung zu den hochschwingenden Energien auf tiefster Zellebene immer mehr den neuen Lichtstrukturen anpassen kann. Wir können mit den neuen Energien so auch in eine Verjüngung gehen. Durch die Verbundenheit zu den reinen weiblichen Schwingungslichtern.

◈ Übung

Lege deine beiden Hände auf dein Herz, fühle in deinen inneren Raum und nimm deinen Körper wahr. Atme tief ein, halte inne und atme aus.
Sage innerlich oder laut:

»Ich verbinde mich mit der Schöpfung.
Und öffne mich für die verjüngende Energie der goldenen Flamme Salomo.
Sie strömt in mich und initiiert das goldene Licht in meinem Herzen.

Von oben durch meinen Kopf lasse ich den Lichtstrahl aus der Quelle in mich strömen. In meinen Körper, in meine Seele und in meinen Geist.
Ich bitte dich, goldene Flamme, fließe mit deiner erneuernden Energie immer tiefer in jede Zelle – bis in jeden einzelnen Zellkern.

In jede einzelne Stammzelle – ins allerkleinste Atom, das aus Licht besteht.

Die Energie des Lichts fließt in meine Nierenpforte, die direkt bei den Nieren liegt und die der Eingang für meine Lebensenergie ist, und füllt meine Lebensenergien immer mehr auf. Meine körperliche Erneuerung geschieht.

Die weibliche Schwingung der Flamme strahlt in mein Ursprungslicht. Mein Verjüngungsprozess geschieht durch die Verbundenheit mit der Quelle. Ich verankere ihn in meinem Herzen.

Im Jetzt.
Danke. Danke. Danke.«

Atme Erneuerung ein und atme Erneuerung aus.
Stille ist.

Ich sehe vor meinem geistigen Auge, wie das goldene Licht meine Zellen erhellt. Mein gesamter Körper wird mit den hochstehenden Energien der goldenen Flamme Salomo durchtränkt und verjüngt sich so mit dem goldenen Licht. Helle Lichtblitze sind in mir und um mich herum. Ich sehe die einzelnen Lichtfunken, die so einen Neubeginn für mich und meinen Körper einleiten.

Seien wir so frei, den Konzepten und Meinungen über den Alterungsprozess keinen Glauben mehr zu schenken.

∞ Übung/Wasserfall/Erneuerung

Dein Erneuerungs- und Verjüngungsprozess hat begonnen und du kannst ihn jederzeit wiederholen.

Nun stelle dich unter einen imaginären Wasserfall. Alle alten, verbrauchten Energien, die noch in dir sind, lässt du von dir abwaschen und in die Erde fließen. Danke der Erde, dass sie diese alte Energie von dir aufnimmt und transformiert.

Weiter kannst du dich unter diesem Verjüngungswasser reinigen. Drehe dich unter dem Wasserfall. Wasche dein Gesicht und deine Augen.
Fühle die Wassertropfen. Öffne deine Arme, um zu empfangen und um zu geben.

Der Kreislauf des Lebens ist in dir.
Lasse los und gib dich dem Wasser – dem heilen Strom des Daseins – hin.
Öffne dich für das wundervolle Wasser – das weibliche Seelenelement.
In dem die Fülle des Lebens fließt.
Nimm deine weich strömenden Anteile an.

Öffne dich für deine Erneuerung in dir und integriere sie.

Tritt aus dem Wasserfall heraus.
Schaue umher.
Neu erwacht.

Eine Geschichte über Salome

Immer mehr kommt aus der verdrängten und umgeschriebenen Historie ans Licht und in unser heutiges Bewusstsein, beispielsweise durch das Thomas-Evangelium, die Qumranrollen aus dem Kreis der Essener, der Urchristen, und durch weitere moderne wissenschaftliche Untersuchungen.

Wir erfahren heutzutage immer mehr über die verdrängten biblischen Frauen, die oft einfach weggestrichen oder umgeschrieben wurden. Was ist Wahrheit und was ist Dichtung?

Ich möchte von Salome erzählen als ein Beispiel dafür, wie oft Frauen kleingeschrieben und wie oft ihre Geschichten verdreht wurden.

Salome ist der Inbegriff der Femme fatale. In der Kunst- und Kulturgeschichte hat sie einen festen Platz und übt eine besondere Faszination aus – durch die verschiedensten Zeitepochen hinweg.

Ihre bekannteste Geschichte aus dem Neuen Testament beginnt damit, dass Herodia, die Mutter von Salome, den Tod von Johannes dem Täufer wollte, da er sie öffentlich angriff, indem er sie der wilden Ehe mit Herodes, dem herrschenden König, bezichtigte. Eigentlich war Herodia noch mit dem Bruder von Herodes verheiratet.

Herodes war von seiner Stieftochter Salome vollkommen fasziniert. Auf seiner Geburtstagsfeier konnte er seine Augen nicht von Salome lassen und versprach ihr, solle sie für ihn tanzen, würde er ihr alles geben, was sie verlangte – bis hin zur Hälfte seines Königreiches.

Salome verzauberte mit ihrem Schleiertanz. Nach ihrer Darbietung flüsterte Herodia Salome mit all ihrer Macht, die sie damals über sie hatte, ein, das Versprechen von Herodes einzufordern und den Kopf von Johannes zu fordern ... was Salome dann auch tat. Das berühmte Bild, das zeigt, wie der Kopf von Johannes, dem Täufer, dem König auf einer Schale dargereicht wird, ist in unser kollektives Bewusstsein eingebrannt.

Doch auch einige andere Deutungen existieren: So gibt es beispielsweise eine weitere, ursprüngliche, mystische Fassung um den Tanz der Salome – die von uralten Geschichtsquellen und dem Alten Testament herrührt.

Dieser Deutung zufolge soll ein gewisser Konsul Flaminius 192 v. Chr. bei einem Mahl den Befehl gegeben haben, einen Beliebigen hinzurichten, um seinen Geliebten mit der Vorführung einer Enthauptung zu "erfreuen". Später wurde aus dem Lustknaben eine "Geliebte", aus dem Konsul ein König und der Tanz mit dem dazugegebenen Versprechen kam hinzu. Und der Historiker Josephus verknüpfte diese Umstände mit denjenigen, die zum Tod von Johannes dem Täufer führten.

Was ist Wahrheit, was ist Dichtung, was wurde umgedeutet?

Bewahren wir uns eine gewisse Offenheit für Neudeutungen und nutzen wir unser Gespür und unsere Intuition, wo die genaue "Wahrheit" nicht mehr feststellbar ist.

Wir können die Erzählungen neu interpretieren. Sie aus einem eventuellen Fantasiebild herausholen und ihre Geschichte im

Verhältnis zur damaligen Zeit sehen. Viele Deutungen können nebeneinander existieren und verschmelzen zu subjektiven Wahrnehmungen. *(Salome ist zudem, durch die Verknüpfung des Alten und des Neuen Testaments in ihrer Geschichte, eine Figur, die zwischen den Zeiten lebt.)*

Widmen wir uns aber der Essenz der Geschichte über Salome – mit ihrem Tanz als einem Symbol für Lebensfreude und ausgedrückter Weiblichkeit; frei von den Geschichten, die sie umgeben.
In der Essenz von Salomes Tanz geht es um die Wurzel des Tanzes – in dem eine natürliche Sinnlichkeit lebt. Tanzen wir voller Ausstrahlung, Gefühl und Freude – mit natürlichen Bewegungen, die wie von selbst aus sich heraus geschehen können. *Tanzen wir in der Verbundenheit zur Quelle!*

Der Tanz an sich geht zurück auf unzählige Heiltänze, wie beispielsweise die ursprünglichen orientalischen Bauchtänze, die verschiedensten uralten, rituellen Tanzkreise oder auch die schamanischen Tänze, um zu heilen und bestimmte Kräfte und Fähigkeiten anzurufen.

Im weiblichen Tanz geht es um die sich körperlich bewusst auslebende Frau, um tiefer in sich anzukommen, um Geschichten und Emotionen auszudrücken – und natürlich ist der Tanz auch ein Spiel der Verführung.

Mir geht es hier vor allem um den Tanz, den wir für uns selbst tanzen – um uns selbst zu begegnen – um uns näher zu kommen. (Unabhängig von den Blicken der Männer.) Um unsere "sinnliche Frau" mit ihrer ursprünglichen Stärke und der natürlichen Erotik, die in uns lebt, zu leben. Und sich in das Abenteuer zu stürzen,

sich durch die verschiedenartigsten Bewegungen besser kennenzulernen und tiefer zu verwurzeln.

Geben wir uns immer stärker unseren Bewegungen hin. Und
landen wir auf einer tiefen körperlichen Ebene – auf der Ebene
des reinen Seins, der wahren Präsenz. *So ist der Tanz auch ein
Tor zum Licht.*

Das Bild von der "Sünde der Frau", indem die Verführung als eine
"sündige Tat" angesehen wird, kann und muss erneuert werden.
Zum Teil kommt dieses Bild wohl immer noch daher, da Eva
zuerst den Apfel aß und Adam verführte – und sie deshalb aus
dem Paradies vertrieben wurden. (Was so immer noch in unserem
kollektiven Gedächtnis gespeichert ist, obwohl die "Geschichte"
heutzutage schon enttarnt wurde.)

Sehen wir die weibliche Sozialisation mit wachem Auge und
treten wir sowohl aus der Opferrolle wie auch aus der weiblichen
Täterrolle heraus. *(Interpretieren wir das Bild vom Baum der Erkenntnis neu!)*

Gehen wir dahin, wo das Frausein mit allen körperlichen Reizen,
mit dem inneren Wissen und der weiblichen Stärke und auch mit
der Verführungskunst nicht das "Böse" verkörpert – und das
Weibliche nicht als "schwach" angesehen wird, um kleingehalten
zu werden.

Führt nicht auch Maria Magdalena das Bild der "sündigen Frau"
weiter, wie auch Lilith und andere verschwundene Frauen aus der
Bibel? Und eben auch Salome als naive Femme fatale. All diese
"sündigen Frauen" wurden in der patriarchalischen Gesellschaft
missbraucht und benutzt, um ihr Licht zu dimmen.

Wir möchten sie aber alle in ihrem wahren Glanz sehen – um sie auch in uns zu befreien.

Erstrahlen sie in ihrer natürlichen Weiblichkeit, kann auch die natürliche Männlichkeit klarer hervortreten und scheinen. Unsere Entwicklungen bedingen sich. Nicht ohne einander – sondern miteinander – können wir unsere Wunden trösten, heilen und uns lieben.

Wir können das Pulsieren der Schöpfung leben und etwas Großes aufbauen: innige Beziehungen mit einem echten Austausch und wahrer Zuneigung – in einer bewussten Art und Weise.

Sehen wir den Reiz der Verführung – als ein Abenteuer in unserem Spiel des Lebens.

Es geht darum, uns zu lieben und zu verehren – wovon schon die wunderbaren poetischen Texte im Hohelied Salomos erzählen. Sehen wir im Tanz einen Weg zu unserer inneren Göttin.

Wie kann man die Geschichte von Salome neu deuten?
War sie vielleicht auch ein Opfer einer Intrige am Hof?
Und wurde sie durch die Verdrehungen ihrer Geschichte zur Täterin und dadurch auch zum Opfer gemacht?
War sie das einzige Licht am Hof?

Was kann sie uns heute geben?

War sie mehr als die kokette Verführerin?
Und liegt nicht genau in dem Bild – sich im Augenblick vollkommen dem Tanz hingebend – ihre Stärke? Mit ihrer aus ihr selbst hervorsprudelnden, auch etwas naiven Sinnlichkeit?

Stellen wir uns der voll ausgereizten Sinn- und Körperlichkeit der Frau.
Leben wir in unserer Freude und der Schönheit des Moments.

Um uns selbst immer näher zu kommen, in einer intimen Art. Um in eine breitere und tiefere Präsenz einzutreten, in der wir die volle Intensität unserer Gefühle und unseres Daseins bergen. Denn in unserem Fühlen liegt die starke Lebensenergie der Shakti-Kraft – von der wir oft nicht wissen, wie wir mit ihr umgehen sollen.

Lernen wir, die Intensität unserer natürlichen, starken Lebensenergie auszuhalten, ohne flüchten zu wollen. Bergen wir ihr großes schöpferisches Potenzial. Nehmen wir sie bewusst wahr, lassen wir sie in uns kreisen und geben wir ihr einen Ausdruck. Lenken wir sie in gute Bahnen und passende Formen. *Balancieren wir unser Leben aus.*

Wenn unsere Lebensenergien freier fließen, spüren wir unsere Ahnungen und Instinkte mehr. Wissen klarer, was und wie wir etwas wollen. Sprechen mit unserer ehrlichen Stimme und setzen klare Grenzen.
Aus unserer weiten Präsenz können wir uns besser und sanft aus verletzenden Situationen lösen.

Spüren wir im Tanz unsere heilsamen Fähigkeiten und die Verbundenheit zu unseren tiefen weiblichen Welten. Sehen wir im Tanz die Stärke und Leichtigkeit unserer Lebendigkeit. Im Tanz geht es nicht darum zu gefallen, sondern darum, sich selbst zu spüren. Mit Wachheit und Anmut.

Tanzen wir unsere Träume.

Unsere Zärtlichkeit und Lebenslust – und vor allem: unsere Hingabe ans Leben.

Die Salome-Schwingung ist eine positive und verliebte Energie, die sich in der Bewegung hin zum Leben zeigt. (In einem Ja!)

Tanz der Freiheit

Du Engel, tanze für dich.
Gib dich dabei deinen Bewegungen ganz hin.
Vielleicht auch vorm Spiegel oder auch mit geschlossenen Augen.
Wie du magst.
Tanze mit deinen ganzen Sinnen.
Vielleicht zu deiner Lieblingsmusik.

Lass dein Becken kreisen, in dem deine weibliche Stärke lebt.

Spüre die heilsamen Kräfte deiner Bewegungen.

Sieh, welch ein Magnet du bist. Die Magie des Urweiblichen –
sie lebt in dir.
Deine eigene Ausstrahlung erwacht.
Aus deinem Schoß kommen dein Esprit und deine hingebende
Liebe.

Tanze wellige, fließende, feminine Bewegungen – und eckige,
wilde, stampfende. Wütende ... Spüre deine Zartheit und deine
Stärke, vielleicht auch deinen Zorn?

Gib allem, was du spürst, einen Raum.

Tanze all deine Gefühle und Wahrnehmungen.
Sei rau und fein zugleich – so, wie du magst.

Umarme dich und fühle dich in dir gehalten.

Und in deiner Verbindung zu deinen Schwestern des Weiblichen.
Du bist gut so, genau so, wie du bist.

Sei der Star.
Lächle und lache dich innerlich an.
Und lache die Welt, das Leben, die Menschen an. ☺

Spüre deine Seele, die in dir und um dich herum ist.
Bewege dich bewusst – aus der Mitte deiner Seele.

Sei ganz da – in deinem Körper präsent.
Seien deine Bewegungen auch noch so zart – oder auch grob –
streiche mit deinen Händen über deinen Körper.

Umarme dich selbst und küsse dich.
Fühle deinen Körper – deine Haut.

Tanze aus der Verbindung zur Quelle.

Fühle ein goldenes Licht um dich herum und ziehe es in deinen
Körper hinein.

Lade die Flamme Salome, oder wer dir auch immer in den Sinn
kommt, ein, mit dir zu tanzen. Fühle dein inneres Vibrieren – in
deinem Körper, in deinem Herzen, unter deinen Füßen und über
deinem Kopf und in deiner Aura, um dich herum.

Verschenke dich an das Leben.

Gehe in deine Lebendigkeit: in deine Kraft hin zum Leben. Sage:
Ja!
Und sage: Nein! Zu dem, was dir nicht guttut.

Tanz deine Leidenschaft. Deine Vision und deine Sehnsucht.
Lass deinen Körper sprechen.
Öffne dich.
Spüre dich.
Lebe deine Strahlkraft und lasse die Menschen daran teilhaben.
Du – Himmelstänzerin.

Tanze mit der Shakti-Kraft.
Mit dem Feuer deiner Weiblichkeit.
Deiner weiblichen Urkraft.
Du trägst sie in dir. Schon immer.

Tanze dein Leben.
Mit deinem Licht.

Entscheide, wenn du magst:
Möge es jedem Menschen, dem ich begegne, nach unserer Begegnung besser gehen. Mögen wir uns umarmen, bestärken und unterstützen – um gemeinsam zu wachsen.

∾ Salome/Verliebtheitsübung

Wann warst du zum letzten Mal verliebt?

Ich möchte dich einladen, immer wenn du möchtest, in das Gefühl des Verliebtseins einzutauchen. Wir können die Schwingung der Verliebtheit separieren und sie uns selbst entgegenbringen – sie in andere Bereiche des Lebens mitnehmen und die Schwingung auch weitergeben.

Rufe dazu das Gefühl des Verliebtseins hervor, um es in dir zu kultivieren. Erinnere dich an den Zustand, als du verliebt warst.

Wie hat es sich angefühlt?
Und wo in deinem Körper hast du es gespürt?

Bade in der Emotion.
Wenn du sie gut spürst, setze einen Anker zu ihr mit einer Geste (du kannst z. B. die Hände in eine bestimmte Lage bringen), um das Gefühl der Verliebtheit in dir zu integrieren. Atme tief ein und aus.
Sage, zusammen mit deiner gewählten Geste des Verliebtseins:

»Goldene Flamme – leuchte – jetzt.
In mir spüre ich das Gefühl der Verliebtheit – und tauche ganz darin ein. Und verankere dieses Gefühl in mir – mit der goldenen Flamme Salomo.«

Atme tief ein und aus.

Immer dann, wenn du deine Geste der inneren Verliebtheit machst, verbindest du dich so mit diesem schönen Gefühl.

Verliebe dich in die schönen Begegnungen und Momente, die dir viel geben. In die Tiere, in die Natur, in die Menschen, in Gott, in die große Göttin, in die Liebe ...
Verliebe dich in dich – verliebe dich ins Leben – verströme Verliebtheit!

Dein inneres Verlieben ist nicht eitel oder gar egoistisch, nein, es ist eine tiefe Würdigung deiner Selbst – ein wahrhaftiges "Gesehenwerden" von dir. (Du erkennst dich!) Deine innere Erlaubnis (die immer schon in dir ist) kommt ans Licht – um zu lieben und dich zu zeigen mit allem – wie du bist ... mit deiner Lebendigkeit, deinen Unsicherheiten, deiner Sensibilität und deinem Strahlen. In einer ehrlichen Art.

Die Liebe, die über das Persönliche hinausgeht – die aus der Verbindung zur Quelle kommt – weitet sich in dir. Mit den unterstützenden, wundervollen Lichtern unserer neuen Zeit.

Aus der Selbstliebe kommt das Sichtbarwerden in der Welt. Je mehr wir uns selbst lieben, desto mehr scheinen wir, desto sicherer fühlen wir uns, desto präsenter sind wir und desto mehr Power und Strahlkraft haben wir. Wir offenbaren uns dem Leben und zeigen uns der Welt.

Here we are.

Die geistige Welt sieht dich übrigens schon immer. ☺

Mein Weg ...

Diese Reise meines Weges ...
Schreibend sitze ich an meinem Laptop in meiner Wohnküche und erinnere mich. An meine Reise bis hierher – wie viele schöne Momente, Erlebnisse und Begegnungen ich hatte! Sie waren und sind auch mein Anker.

Kennst du diese Augenblicke, in denen du dich vollkommen mit der Umgebung verbunden fühlst? Fast eins mit ihr bist?
Kannst du dir deine schönen Momente in Erinnerung rufen?

Wie viele schöne Momente ich alleine mit der Natur verbinde: mit Buduruwagala, einer heiligen Buddha-Oase auf Sri Lanka, mit den masurischen Seenplatten Polens, den Highlands Schottlands oder auch mit meinem Park bei mir zu Hause um die Ecke mit seinen uralten, starken Bäumen.

Meine Zeit in Israel – sie fühle ich immer noch in mir.
Am Toten Meer ...
dieses einst gelebte Sodom und Gomorra.
Der tiefste Punkt der Erde.
"Ich küsse dich, Mutter Erde, dir so nah – dir so nah.
Dieses Salz auf meiner Haut.
Ich scheine es immer noch zu spüren."

Wie auch die Stärke des Ortes.
Diese historischen Stellen.
Jeder Stein schien zu leben.

Diese pulsierende Kraft war überall zu spüren.

Dazu kam, das in jedem Café und Restaurant erst einmal die Tasche nach Waffen untersucht wurde – überall schien eine latente Gefahr zu lauern. Eine vibrierende Schwingung war die ganze Zeit über in der Luft. Sich dessen auch bewusst, gaben sich die Menschen dem Leben mehr hin – jedem Moment, und sie genossen ihn. Auf mich färbte es ab – es gelang mir, wie von selbst, mehr den Augenblick zu leben. Ständige Sirenen, lauter Lärm überall – der einen ins Leben rief.

Ich stürzte mich ins Jetzt ...
... ins Jetzt des so prallen Lebens von Tel Aviv.

Ode an die Weiblichkeit

Oh du. Die Erde ist ein Körper. Wie du.

Lass dich in die Lücke hineinfallen.
Gehe auf deine Abgründe zu. Falle hinein, falle und falle bis ins
heilige Nichts hinein. In dem doch alles enthalten ist.

Sei schmutzig, sei sakral.
Oh – du.
Lass dich auffangen von der weiblichen Seele, einer alles verbin-
denden und erschaffenden Kraft.

Rote Erde. Das Tal der Seen. Geboren im Quellwasser, aus der
Erde geformt. Hinein in sie zurück. So schließt sich der Kreis
zum immerwährenden Glück und formt weiter und weiter die Be-
wegungen in einer unendlichen Reise.
Sonne, Mond und Sterne und all die anderen Planeten leben wir
aus der Verbindung zu euch. In der Erde ist unser Halt ...

Vorsicht ... Cut!

"Sei böse, laut, unweiblich, hysterisch und schrei, wenn du
willst ... Ja, ich kann sie auswendig, deine Phrasen: 'Zu empfind-
sam, zu viel Weinerei, zu ambivalent. Wieso weißt du nicht, was
du willst? Du bist soooo kompliziert. All diese Gefühle. Lass
mich in Ruhe. Immer meckerst du. Du bist nicht richtig so, wie
du bist. Ich habe Recht und du bist schuld ... Mensch, unterbrich
mich nicht in meinem Monolog!'"

"Oh – Mann – du! Aber ich kenne ja auch deine wahre, deine andere Seite, die ich so sehr liebe und verehre."

"Zu doll oder zu wenig geschminkt?
Schmollen kann ich besser als du. Ich liebe meinen roten Lippenstift!
Ich bin nicht artig, sondern eigenartig.
Anders als DU ... Ich stehe gerade und breche nicht. Bleibe ganz.
Ich weiß, was ich will, und tue es.

Heiße alle meine Gefühle und Ambivalenzen WILLKOMMEN, ohne die Geschichte dahinter ... die lasse ich gehen ... es ist nur eine Geschichte. Ich liebe mich ... so bin ich frei von meiner Geschichte ... bin frei und zeige mich, wie ich bin ... Es ist genug, genug, genug ... vollkommen genug ... WUNDERSCHÖN."

Oh – du.
Mach dich nicht klein, sondern groß.

"Mein Herz.
Es tut manchmal so weh.
Wie ein Messerstich in meinem Herzen – wie in tausend Teile zersprungen.
Hey du, wer du auch bist ...
Hau mir nicht auf meinen Kopf, in meine Seele hinein.
Die dunkel ist, so dunkel, mit funkelndem Blick.
Aus dem Dunkeln scheint ... so hell ... mein Licht.

Mit einem Augenaufschlag.
Auf und zu. Ich sehe dich!
Ich entscheide, ob ich will oder auch nicht.

Nicht klein, sondern groß bin ich.
Manchmal möchte ich aber auch klein sein ... und darf auch das.

Umarmst du mich?

An alle Männer und Frauen dieser Welt:
Ich weiß nun mal: Ich habe etwas, das ihr begehrt. (Kichern und
Lachen) Daraus erwacht meine und unsere Kraft. Wie stark und
mächtig wir doch zusammen sind. Die Zeit ist vorbei, davor
Angst zu haben. Ich weiß nun mal ein schönes Spiel ...

Möchte nur mit mir zusammen sein.
Möchte nur mit dir zusammen sein. Oh. nein. Geh doch nicht
fort. Ich will mit dir sein. Wollen wir nicht zusammen stehen?
Hand in Hand gehen.
Und zusammenhalten?

Du Mann – ich Frau. Du Frau – ich Frau. Du Mann – ich Mann.
Wir du ich es ... Und???

Ich will dich schätzen, schützen, lieben und begehren.
Und ich möchte, dass du mich schätzt, schützt, liebst und
begehrst.
Wir uns auf Augenhöhe gegenüberstehen.

Lass uns uns fallenlassen und zusammen die Welt erobern.
Ich gebe dir ein klares Ja zu uns. Du mir auch?"

Oh du. Geliebte Frau. Du göttliches Wesen ...
Was gibt es noch zu sagen, noch zu tun?
Du weißt es?
Mein Wille ist da und ich sage: "Ja."

Oh du.

Wir Kinder der weiblichen Seele – leben unsere Macht.
Hier und jetzt. (In einer wohltuenden Art und Weise.)
Mit all der weiblichen Kraft, die in uns lebt.

Sei wie eine Muschel ...
und berge ihre Perle.

Lilith –
Stärke der Weiblichkeit –
Lilith-Stärke/Maia-Plejaden-Energie

Gedanken/heilige Sexualität

Welch ein Geschenk die körperliche Liebe doch ist ...
Wie schön - wenn Körper sich austauschen und liebkosen - verschlungen ineinander, sich suchen und finden. Die Ekstase der Lust fühlen - bis zu dem Moment, in dem man meint, fast zu sterben ... Eine Erschütterung spüren - ein Erzittern der Seelen. Glückssterne sehend.
In der heiligen Sexualität ist der Ort, in dem wir uns in einer tiefen Achtung berühren und uns auf einer tiefen Ebene begegnen und erleben.
Unsere Fassaden aufgeben und nackt im Geiste voreinander stehen. Echte Nähe und Intimität erleben.

Heilige Sexualität, geboren in der reinsten Unschuld und der größten Lust.

Wie schön, dass es dich gibt.
Du als ein Tor zum Himmelsglück auf Erden.

Mit der Kraft der Liebe können wir in ein erweitertes Bewusstsein gehen und die Quelle der Unsterblichkeit berühren.

In unserer Sexualität liegt die Kraft unserer Liebe und Hingabe.
In ihr liegt die Verbindung von der göttlichen mit der irdischen Liebe.
Wir können durch sie das Wunder erleben, eine Seele zu empfangen.
Wenn unser Spiel der Liebe von unseren Seelen durchdrungen ist, scheinen die Bewegungen wie von selbst zu gehen - indem die Körper miteinander kommunizieren.
Natürliche Intimität und liebevolle Nähe - sie ist da.

Ich spüre dich - du mich.

#Salomos Hohelied#

Maia-Plejaden-Energie für die erotische Stärke

Der rote Farbenstrauß der Maia-Plejaden-Energie unterstützt dich in deiner ureigenen Erotik, Sinnlichkeit und in deinem körperlichen Begehren.

Die Maia-Schwingung kann unsere sexuelle Urkraft immer mehr entfalten, um eine schöne Sexualität zu erleben. In unserer sexuellen Urkraft ist eine starke Lebensenergie verborgen. Diese intensive Lebenskraft können wir mehr und mehr bergen und in unseren Alltag mitnehmen, um ihn besser zu bewältigen.

Flirtest du gerne?

Fühlst du dich begehrenswert?

Wann fühlst du dich sinnlich, erotisch und voller Lebensfreude?

Liebst du Nähe und Intimität?

Bist du dir selbst nah?

⤶ Praktische Übung für die Maia-Plejaden-Energie

Lege deine Hände auf deinen Körper und fühle ihre Berührung. Schicke Liebe und das Gefühl des »Angenommenseins« durch deine Hände in deinen Körper. Komme in dir an und zentriere dich. Atme ein, lächle dir zu und atme aus. Sprich leise oder laut:

»Ich öffne mich für die Energie der goldenen Flamme Salomo und für die Maia-Plejaden-Schwingung. Der rote Farbenstrauß der

Maia strömt in meinen Körper und durchflutet ihn mit der heilenden Plejaden-Energie.

Der rote Farbenstrauß der Maia-Schwingung fließt in mein Becken, in mein Steißbein und in meine Nebennieren. In alle meine weiblichen und männlichen Geschlechtsorgane, in meine Fortpflanzungsorgane und in meinen heiligen, weiblichen Palast: in meine Gebärmutter. (Oder: ›in meine Spermienpaläste‹, wenn du ein Mann bist.)

Meine erotische Stärke erwacht immer mehr und wächst mit der Maia-Schwingung. Die Maia-Energie stärkt die Verbundenheit zu meiner sexuellen Urkraft. Diese intensive Lebensenergie fließt immer freier durch meinen Körper und ich spüre sie mehr und mehr.

Ich nehme mich mit der goldenen Flamme der Weiblichkeit und der reinen Maia-Energie in meinem Frausein an. Ich würdige und feiere meine Weiblichkeit. Ich fühle mich sexy und begehrenswert. Ich bin bereit, zu lieben und zu begehren. Geliebt und begehrt zu sein.

Stehe zu meiner erotischen Kraft und meiner Verletzbarkeit.

Nehme auch meine »Schwächen« an. Auch in meinem sexuellen Sein darf und kann ich mich anlehnen und bedürftig sein.

Ich bejahe meine Menstruation und mein Menstruationsblut, das ein (heiliges) Zeichen meiner Weiblichkeit, meiner Schöpfer- und Gebärfähigkeit ist – meiner Fähigkeit des Empfangens – und ein Zeichen meiner Fruchtbarkeit.

Meine erotische Kraft, die in mir ist, wird mit der roten Maia-Plejaden-Energie gestärkt. Ihre Schwingung strömt immer mehr in mein Sein.

Ich würdige meine Sexualität.

Und stehe zu mir – zu meiner sexuellen Lust und zu meinen Fantasien und Träumen. Ich lebe meine Lebensfreude und genieße mein Leben.

Mit dem roten Farbonstrahl der Maia und der tiefroten, lebendigen Kraft der Erde.

Mit der goldenen Flamme Salomo und der Sternen-Maia-Energie würdige ich die Sexualität meiner Urahninnen und Urahnen.

Ich erfahre Segen von dem heiligen Kreis des Weiblichen.

Lasse mich ein auf echte Intimität und Nähe und freue mich, meine Sinnlichkeit und meine Leidenschaft zu leben.

Öffne mich meiner Urweiblichkeit und ur-erinnere mich.

Ich bin frei.»

Lilith

Lilith ist die "erste Frau" Adams. Von Historikern ist überliefert, dass ihre Geschichte in einer zweiten existierenden Fassung der Genesis beschrieben wird sowie im jüdischen Talmud und in zwei kurzen Bibelstellen.

Mit der Zeit wurde sie aber immer weiter verdrängt und totgeschwiegen: ein Schicksal, das sie mit weiteren historischen Frauen aus der Bibel teilt.

Lilith – erste Frau Adams – wer bist du?

Welches Geheimnis trägst du? Und was möchtest du uns sagen? Was können wir von dir lernen, und wie können wir unsere "Lilith-Kraft" in uns entdecken? (Sie befreien – um frei zu sein und frei zu leben?)

Lilith – was ist deine Geschichte?

Lilith – die erste Frau Adams – lebte mit ihm im sogenannten Paradies – vor dem "Sündenfall". Laut der bereits erwähnten zweiten Fassung der Genesis erschuf Gott/Vater/Mutter erst Himmel und Erde und dann die zwei Menschen auf der Erde:
Adam und Lilith – und hauchte ihnen den göttlichen Atem ein.

Mann und Frau wurden nebeneinander, als gleichwertige und vollkommene Wesen erschaffen: Der Mensch ist zwei – das Ebenbild Gottes und der großen Göttin in ihrer Vollkommenheit (in ihrer Einheit und Androgynität).

Lilith, die die erste Frau von Adam war, war der Mythologie nach eine sehr selbstbewusste und starke Frau, die genau wusste, was sie wollte, und sich ihres ureigenen weiblichen Wesens sehr bewusst war.

Ihr Kanal zur Urkraft der Femininität in ihrer Ursprünglichkeit (mit ihrer Welt der Gefühle, ihren Instinkten, der Verbindung zur Quelle und dem Gespür für die innere Wahrheit) war klar.

Laut der Mythe sah Adam aber nur sich als Ebenbild Gottes an und empfand sich gegenüber Lilith als höherstehend. Auch verstand er nicht, warum Gott (seiner Meinung nach) nicht auch eine Gefährtin hatte? Er aber eine brauchen sollte?

Der Legende des jüdischen Talmud nach, wollte Lilith in einer gleichberechtigten Beziehung leben, in der sich beide auf Augenhöhe befinden und sich ergänzen. Auch wollte Lilith beim Sex nicht immer unten liegen, sondern abwechselnd selbst auch die aktivere Rolle innehaben.

Lilith wollte sich nicht kleiner machen, damit er sich größer fühlen konnte, sondern ihre Größe neben der seinen - in einer Selbstverständlichkeit - leben. Mit Adams selbstherrlicher Art war aber genau das nicht möglich und so verließ sie ihn - und ging ins Exil.

Dort arbeitete sie an sich und setzte sich mit ihren inneren Dämonen, mit ihren Fehlern und Schwächen auseinander - mit ihrer Wandlung & Erneuerung. *Lilith ging in ihren Erwachungsprozess - um sich zu befreien.*

Von da an wurde ihr Übles nachgesagt. Sie wurde mit der Zeit immer mehr dämonisiert und bis hin zur Kindsmörderin denunziert.

So dass es im Mittelalter sogar Schutzpuppen gab, die Babys vor Lilith schützen sollten.

Wo ist Lilith heute?

Lilith kam, vor allem im letzten Jahrhundert, wieder stärker ins kollektive Bewusstseinsfeld und sie fing an, in bestimmten Kreisen eine Symbolfigur für die emanzipatorische Reise zu sein. Und es geht immer weiter. Das kommt doch nicht von ungefähr, egal, ob wir an die Genesis glauben oder nicht. *Da Lilith uns dazu einlädt, sich mit den eigenen inneren Dämonen und inneren Abgründen ehrlich auseinanderzusetzen, was dem heutigen Zeitgeist entspricht.*

Als ich anfing, mich mit Lilith zu beschäftigen, wurde ich sehr aufgeregt. Ich dachte oft an sie und träumte von ihr. Sie zeigte sich mir in verschiedenen Gestalten. Und ich veränderte mich.

Lilith hat eine revolutionierende Kraft.

Ich nahm alles noch intensiver wahr. Auch fing ich an, mich selbst und die Frauen, denen ich begegnete, auch die, die ich nur auf der Straße sah, irgendwie "anders" wahrzunehmen.
Ich schätzte jeden Menschen und empfand, wie wundervoll er auf seine eigene Art und Weise ist. Mehr und mehr konnte ich seine vollkommene Schönheit wahrnehmen.
Es ging auch alles so schnell. Wie wunderte ich mich. Ich hatte unaufhörlich Energie und Kraft. Die unendlich sprudelte. Alles schien sich zu wandeln. Umzudrehen.
Gleichzeitig wurde ich immer fokussierter und mir klarer darüber, was ich wollte. Welche Werte mir am wichtigsten sind und wie ich mein Leben gestalten wollte. Es fiel mir leichter, mich zu entscheiden und Prioritäten zu setzen – und meine Ambivalenzen

nahmen immer weiter ab (bzw. konnten eher nebeneinanderstehen und -existieren). Oft empfand ich eine Leichtigkeit.

In mir fühlte ich diese starke Kraft, als ob sie mir immerwährend meinen Rücken stärkte. Mein Selbstvertrauen, meine Selbstliebe und mein Selbstwertgefühl schienen aus mir heraus zu wachsen und ich erkannte, dass sie immer schon genau so da waren. Der Zugang und die Stärke waren immer da – nur verschüttet.

Es kam mir so vor, als würde die Lilith-Kraft wie in einer Revolte all das zersprengen, was nicht mein ist und nicht wirklich zu mir gehört. Mir meine Masken abnehmen und den Zugang zu meinem inneren Wesen bahnen. Zu dem, was schon immer in mir wohnte. Das, was schon immer da war. Von Urzeiten an.

Und ich fragte mich in so mancher Situation:

Was hätte Lilith wohl getan?

Diese Frage war mein innerer "Joker". ☺

Lilith ist ein Symbol für die ursprüngliche Weiblichkeit.
Die Gleichwertigkeit der Geschlechter kommt aus der Tiefe und möchte anerkannt werden. Von uns in unserem Inneren. So dass es sich im Außen zeigen kann. Wie innen – so außen.

Wir können unsere eigene Lilith-Schwingung in uns befreien und leben.
Lilith lehrt uns, unsere Eigenarten, unsere Schatten und Verrücktheiten zu akzeptieren. Uns genau so, wie wir sind, in unserer tiefsten Essenz, anzunehmen. *Ankommen in unserer Wurzel!*

Gezeigt in Darstellungen, wie sie auf einem Löwen sitzt, ist Lilith auch ein Symbol für die ureigene Erotik. Sie fordert uns Frauen auf, unsere eigene sinnliche Liebe auszuleben, die aus der Tiefe unserer Seele kommt, und unsere natürliche Sexualität zu leben, wenn wir es möchten.

Das Wiederentdecken der Lilith und das Einnehmen ihres Platzes in der Welt kann viel bewirken, wenn wir ihr ihren ursprünglichen Platz zugestehen und ihren Platz würdigen.
So nehmen auch wir unseren natürlichen Platz in der Welt an.

Wenn jeder seinen Ursprungsplatz einnimmt, kann Frieden herrschen.
In unseren Herzen, in unseren Körpern, unserem Geist und unserer Seele. Und in dem Geist, dem Körper und der Seele der Welt.
Für uns und unseren Planeten, auf dem wir leben.
Der uns trägt, hält und nährt.

Wie kannst du deinen wahren Platz einnehmen?

Vielleicht magst du dich hin und wieder auch fragen:

Was hätte Lilith wohl getan?

Ich wünsche dir eine schöne Erfahrung mit der Lilith-Stärke.

#Lilith#

Annahme der Lilith-Stärke

Danke für die Lilith-Stärke, die in uns Frauen lebt.

Bei ihr geht es um:

- die Lilith-Freiheit, die Lilith-Wildheit und das Rückgrat der Lilith.
- Um die Wurzel unserer Weiblichkeit und unseren wahren Platz.
- Es geht um unser weibliches Erwachen. Die Lilith-Schwingung ist eine nach vorne gerichtete Kraft, die unsere Integrität und unseren Mut unterstützt, für uns und unsere Bedürfnisse einzustehen. Sich den Dingen zu stellen und ins Feuer zu gehen. Und bei ihr geht es um die Weigerung, sich nicht kleinzumachen, damit der andere sich groß fühlen kann.

Möchtest du dich mit der Schwingung von Lilith verbinden?

෬ Für die Verbindung zur Lilith-Stärke

Lege deine beiden Hände auf deinen Körper und fühle deinen Körper.
Atme tief ein und aus und fühle, wie sich dein Brustkorb hebt und senkt.

Sage ein inneres Ja zu dir und zu deiner inneren Begegnung. Sprich leise oder laut:

»Ich fühle und sehe mein inneres Licht und ich bitte die goldene Flamme Salomo, die Verbindung zu der Lilith-Stärke herzustellen. Ich öffne mich für die Lilith-Energie und empfange sie – mit dem goldenen Licht.

Ich setze die Absicht, die Lilith-Kraft anzunehmen und meine ursprüngliche Weiblichkeit zu leben. Mit der Lilith-Schwingung nehme ich meine Wurzel der weiblichen Macht an.

Die Lilith-Energie fließt in mein Herz – in meinen Herzensinnenraum und in meine Herzensrückwand. In meinen Körper, in meine Seele und in meinen Geist. In meine Aura, in meine Haut, in meine Zellen und in mein Gehirn. In meine Wirbelsäule und in mein geistiges Rückrat. In mein Bewusstsein und in mein Unterbewusstsein.

Die Lilith-Energie fließt in meine Werte und sie stärkt mein Vertrauen in meine Talente und Fähigkeiten. In das, was ich mit der Welt teilen möchte, was ich empfangen und geben kann. Aus meiner Stärke.

Die Lilith-Energie rückt alles an die richtigen Stellen. Verschleierungen weichen. Ich würdige und sehe die anderen Menschen in meinem Leben.
Verstrickungen lösen sich auf. Die Lilith-Stärke erneuert mich. Mein Selbstvertrauen und mein Selbstbewusstsein kommen hervor. (Die in mir leben und schon immer lebten.)

Ich schaue mir ehrlich meine Schatten an und beginne mit der Veränderung bei mir. Ich würdige meine Schatten und erkenne in ihnen ihre große Kraft. Ich gehe mit der Lilith-Stärke in mein weibliches Erwachen.

Ich bitte die Lilith-Energie um Unterstützung für das, was in meinem Leben ansteht. Ich stehe zu mir und meinen Werten. Ich bitte die goldene Flamme Salomo und die Lilith-Energie, mich bei meinen Entscheidungen und meinen Handlungen zu unterstützen.
Ich vertraue meinen Gefühlen, Wahrnehmungen und meinem inneren Wissen.
Und entscheide mich, nach ihnen zu handeln. Ich bin zielgerichtet und klar.

Danke für die Lilith-Stärke, die in mir lebt.

Sie macht mich klarer, fokussierter, wilder, leidenschaftlicher, ehrlicher, gerechter, sozialer, rebellischer und freier.
Ich stehe zu mir und zu meiner Geschichte.

Im Jetzt.
Danke. So sei es.«

ᙣ *Für die Annahme deines wahren Platzes mit der Lilith-Energie*

Atme tief ein, fühle in dich hinein und atme tief aus. Richte deine Aufmerksamkeit auf deinen Atem und fühle, wie dein Atem dadurch immer tiefer in deinen Körper sinkt. Lege deine Hände auf deinen Körper und sage:

Die revolutionierende Kraft der Lilith zersprengt alles, was nicht zu mir gehört. Sie führt mich zu meinem wahren Wesen – zu dem Weg meiner Erkenntnis und des Hierseins.

Ich öffne mich für die Lilith-Energie und bitte darum, mich mit der Lilith-Energie zu durchströmen – mit meiner Verbindung zur ur-weiblichen Quelle. In meine Seele, in meinen Geist und in meinen Körper. Auf allen Ebenen meines Seins.

Ich nehme mit der Lilith-Energie meinen Platz ein.

Und ich verbinde ihn mit dem Ort und der Zeit meiner Geburt.
Mein Neubeginn ist da – meine wahre Essenz erscheint mehr und mehr.
Ich kann der Mensch sein, der ich schon immer war.
Mein inneres Feuer brennt. Meine Dakini-Kraft, die Himmelstänzerin in mir, lebt – mit meiner Verbindung zur Lilith-Schwingung.

Ich bin ein Mädchen, das im Feuer steht.
Eine Rebellin der Sterne und des Lichts.

Im Jetzt.
So sei es.
Danke. Danke. Danke.«

Atme den Lilith-Strom ein und aus.
Fühle dich tief gestärkt mit der Annahme der Lilith-Stärke in dir.
Du bist die Sonne.

Zum Wohle aller.

Sei du. So, wie du in Wahrheit gemeint bist.
In deinem Wesenskern.
Nimm die Wurzel deiner weiblichen Macht an.

Sind wir nicht alle ein wenig Lilith ...?

Im Schoß der Weiblichkeit

Wie können wir heute unsere weibliche Urkraft nutzen?

Die Kraft unseres Schoßes, die des Empfangens und die Gabe, Leben zu gebären, lebt in uns Frauen. Diese Naturkraft können wir auf alle Bereiche des Lebens übertragen.

Entdecken und erschließen wir uns den Kreis zu den ursprünglichen Göttinnen wie Isis, zur uralten Mutterkraft der Erde und zu den vorchristlichen Hohepriesterinnen neu. Um unsere natürlichen Heilfähigkeiten durch sie wiederzubeleben und um unser inneres Wissen zu bergen. Um die weibliche Liebe und Stärke im Hier und Jetzt auszuleben.

Wir haben in unserem Schoß ein unglaubliches Energiezentrum. Indem wir uns dessen bewusst werden, energetisieren und beleben wir es automatisch. Diese Kraft können wir ausdehnen, sie in unseren Weg mit all seinen Facetten hineinfließen lassen und unseren Liebsten Schutz, Stärke und Heilung geben. Wie eine Löwenmutter. *Leben wir die Kraft unseres Beckens in einem modernen Sinne.*

So wichtig ist es auch, in die Solidarität zwischen uns Frauen zu gehen. Uns gegenseitig zur Seite zu stehen und aus den Eifersüchteleien herauszutreten. Neid und Konkurrenzkampf können immer mehr weichen. Steht jede genau an dem für sie richtigen Platz, ist alles gut, so, wie es ist.
Frauennetzwerke, so wie es sie früher mit den rituellen Frauenkreisen gab, die es neu zu entdecken gilt, können uns so viel

geben. Sie können uns sehr stark unterstützen – um unsere weibliche Stimme zu erheben – um klar zu kommunizieren, Grenzen zu setzen und aufzustehen.

Das starke Band zwischen Mutter und Tochter (aus den matriarchalischen Strukturen) kann so hilfreich für uns sein.
Die Frauenbande – sie sind eng.
Sie geben uns viel Halt, entlasten auch unsere Beziehungen und stärken unser Muttersein. Ehren wir unsere weibliche Mutterlinie und die große Mutter!

Neue Verbindungen und eine wache Art des Zusammenlebens sind schon jetzt am Entstehen – am Anfang des neuen goldenen Zeitalters. Immer mehr Communities entstehen und eine neue Art des Zusammenseins wird geboren, indem Menschen ihr Wissen und ihre materiellen Güter teilen und tauschen. Unser Miteinander wächst mehr und mehr.

Eine weibliche Aufgabe ist auch das gemeinsame Gestalten. Das Weibliche kann führen. Zusammen mit den wunderbaren – vereinfacht dargestellten – Fähigkeiten der männlichen Seite ist es doch unschlagbar. ☺ Männliche Stärken wären vielleicht: zielgerichtetes Handeln, Tatkraft und Struktur, Kraft, Klarheit, mentale Stärke und so viel mehr ...

Weibliches und männliches Empfinden können sich immer mehr aussöhnen und vereinen. Auch im Berufsleben, wo es nicht mehr nur um das Ego gehen kann, sondern um ein übergeordnetes Wirken und Sein. Weg von den persönlichen Eitelkeiten, hin zu wahrer Liebe und Stärke – zum Wohle aller.
Unsere weiblichen Stärken sind wichtig, um sie in beruflicher Hinsicht einzusetzen. Sie fehlen vielerorts – auch und gerade in

Führungspositionen, wo Eigenschaften wie soziales Denken, die Weisheit des "natürlichen Wissens" und Fürsorglichkeit gebraucht werden. Genauso wie das Sinnliche, das Nährende, der Zusammenhalt und die Solidarität unter Frauen, ihr Mut und ihre Führungsstärke, ihre Intuition, das Talent zum Multitasking und die Gabe, auch unorthodoxe Wege zu gehen. Zu den weiblichen Stärken zählen auch Empathie, Kreativität, Leidenschaft, Liebesfähigkeit und die Gabe, sich mit den geisten Welten verbinden zu können.

Die Angst des Mannes vor der "verschlingenden Tiefe" der Frau und vor der Macht der erotischen Kraft liegt oft in unserer Sozialisation und in der Angst vor den eigenen tiefen Gefühlen begründet. Im Grunde in dem Respekt vor seiner eigenen Stärke, den Emotionen (in denen auch seine wahre Kraft liegt) und seinem Licht. Wobei wir wieder bei Nelson Mandela und der Freiheit wären.

Eine Frau, die einen Mann aufrichtig mit seinem ganzen Wesen liebt, kann ihn in seiner echten Kraft unterstützen, um die natürlichen männlichen Fähigkeiten hervorzuholen. Und umgekehrt kann uns ein Mann unterstützen, mehr in unserer authentischen Fraulichkeit anzukommen. Zudem kann er uns mehr mit unseren männlichen natürlichen Attributen in Kontakt bringen.

Es geht um ein Vertrauen beider Seiten zueinander und um gegenseitigen Respekt, gepaart mit Ehrlichkeit. Um eine natürliche Gleichberechtigung zwischen Frau und Mann. Unsere Geschlechter ergänzen und bedingen sich in unserem Spiel des Lebens; mit Leichtigkeit, aber auch mit Ernsthaftigkeit, denn es geht um viel: um die Liebe und das Licht unserer wahren Existenz.

Obwohl alles in unseren Herzen vereint ist und wir beide Seiten in uns tragen, ist es doch wundervoll, sich im Außen zu vervollständigen. Sich gegenseitig zu stärken. Sich nicht bedürftig brauchen, sondern co-kreativ zusammen sein, um sich zu vervollständigen und zu genießen. Um sich ganz zu fühlen: denn der Mensch ist zwei. (In gleichgeschlechtlichen Beziehungen gilt oft dasselbe.)

Leben wir Anima und Animus.

Alles ist Schwingung, und durch die verschiedenen Energien, die wie ein Rad ins nächste greifen, können wir uns auf eine spielerische Art und Weise gegenseitig befruchten. Unsere Andersartigkeit und unsere Einzigartigkeit ausleben.

Wir leben in einer Welt der Polarität.
In der das Yin/Yang-Prinzip gilt: hell und dunkel – Licht und Schatten – Tag und Nacht – Sonne und Mond – Männlichkeit und Weiblichkeit.
Ohne Wertung.

Dabei ist die weibliche Yin-Energie eine von unten nach oben strebende Kraft, von Mutter Erde aus, und sie hat eine von oben nach unten gerichtete Stärke in sich, wie der Punkt im Yin-Symbol. Bei der männlichen Energie ist es genau umgekehrt, sie ist eine von oben nach unten, vom Himmel ausgerichtete Kraft mit ihrem Gegenteil in sich, das durch den Punkt des Yang-Zeichens symbolisiert wird.

Neben der Verbindung zwischen Himmel und Erde gibt es noch die waagerechte Verbindung zwischen der weiblichen und der männlichen Seite. So entstehen zwei Grundlinien der Verbindung – die ein gleichschenkliges Kreuz bilden.

Mit diesen heilen Linien sind wir angebunden - unsere Rückanbindung an unser Ursprungslicht ist da. Nehmen wir diese Linien an, so sind wir mit dem Gitternetz des Universums verbunden.

Es mutet fast wie eine Revolution an, wir kommen wieder an den Ursprung des Weiblichen und nehmen unseren natürlichen Platz ein: Die Stärke des Weiblichen strahlt.
(Auch mit dem Geheimnisvollen und unserer kreativen Seele, den femininen Mysterien, dem Unaussprechbaren und der tiefen Anbindung an unseren Ursprung kommen wir wieder stärker in Kontakt.)

Die Verbundenheit mit der großen Göttin, die du schon bei und vor deiner Geburt hattest, tritt immer stärker hervor.
Das Heile des Weiblichen erscheint.
Immer mehr bahnt es sich den Weg zu seinem eigenen Platz in der Geschichte und somit auch zu dem in jeder einzelnen Frau von heute.

Gehen wir den femininen Weg.
Leben die Sonne und den Mond.

Wir sind Rebellinnen des Lichts.

Manifest zur Selbstbestimmung

Aufgehoben leben wir in der vertikalen Ausrichtung, entlang einer unsichtbaren Schnur, einer imaginären Verbindungslinie zwischen Himmel und Erde. Klar und gerade im "Hier und Jetzt" stehend. In dieser inneren wie äußeren Aufrichtung sind wir stark mit unserem höheren Selbst verbunden. Die männlichen und weiblichen Anteile leben in uns und vereinen sich in unserem Inneren.

Mehr und mehr leben und integrieren wir auch unsere männlichen Seiten, je stärker wir unsere weiblichen heilen – so dass beide Seiten sich in uns immer mehr ausbalancieren können. Ohne dass wir unsere Weiblichkeit verlieren.

Was sind denn einige sogenannte "männliche Qualitäten" vereinfacht dargestellt?
Vielleicht das Motto: *Nimm es in deine eigene Hand.*
Worin zeigen sie sich?
An der Tatkraft? In der körperlichen Power?
Indem man lösungsorientiert denkt und lebt?
Praktisch und zielorientiert ist – sachlich und klar?
Im analytischen Denken und in der geistigen Kraft?
Im Führen und Kämpfen? Im Mut, nach vorne zu gehen?
Souverän und cool zu sein? Unabhängig und frei? ...

Wie auch immer, männlich oder weiblich, stärken wir unsere facettenreiche weibliche Seite mit dem folgenden Manifest:

∽ Manifest für unsere Selbstbestimmung und Selbstsicherheit

Steige in deinen inneren Ring und wage deinen wahren "Fight" mit all deinen Seiten in dir. Finde deine Melodie.
Steh auf.
Und steige in den Ring.

Das Leben findet auch ohne dich statt. ☺ Biege von den Zuschauer-rängen ein auf deinen Pfad. Du weißt, wovon ich rede. Reiße die Verschleierungen herunter. Und mach dir selbst nichts vor.

Mach dich nicht klein, sondern groß. To go or not to go, mit einem Fingerschnippen kannst du alles verändern. Das Glas ist voll – du hast die Wahl. Du weißt es.

Das Leben ist ein Wimpernschlag.
Du bist die Nummer 1.
Nimm deine Macht an.

Stärke dein Rückgrat mit deinen wahren Werten.
Sage ja oder sage nein. Sei klar. Wie der heilige Gral.
Setze alles auf Rot oder Schwarz. ☺

Was, wer, wie, warum, weshalb? Nein. Wir wollen das nicht.
Keine Kompromisse.

Mit Charme.
Sei du.

Es ist nicht unweiblich, seine Power zu leben. Nein, im Gegen-teil.

Wir wollen die Macht des Weiblichen und Männlichen vereinen und ins Miteinander hineinschreiten und uns lieben.

Wir möchten doch alle von einem Menschen gehalten werden, nicht?
Von einem Mann ... von einer Frau?

Nähe und Geborgenheit spüren. Sich stärken und unterstützen. Und wertschätzen!
Wenn du geschätzt und geliebt bist, liebst. Wenn du vom Leben umarmt wirst und dich selbst umarmst – was für eine Gabe du bist ...
Sei das Licht.

Wollen wir nicht abheben? Natürlich gedopt sein! Merci, chérie.
Es ist alles eine Frage der Energie.
Doch, du hast sie. Erschließe sie dir und lebe sie.
Vertraue. Nutze das Momentum. Ergreife die Chance. Sei da.
Wie viele Blätter möchtest du noch verlieren?

Du Blume, sei ganz.

Lasse die Luft in dein Haar.

Anrufung für deine Berufung

Lies mit deinem Inneren ... Deine Berufung, sie lebt in dir. Öffne dich für deine wahre Berufung – für die Geschenke, die du in dir trägst. Je mehr du deine Sehnsüchte, deine Fähigkeiten und Berufungen lebst und je mehr du auf deinem wahren Platz, auch in deinem beruflichen Sein und Wirken, stehst, desto mehr bist du auch in deiner Power und in deinem Glanz. Und desto mehr lebst und handelst du aus dem berühmt-berüchtigten »Flow« heraus. (Dann bist du »connected« mit allen Chancen und Möglichkeiten der Welt!)

Wichtiger noch als das, was man tut, ist, wie man es tut – also die innere Einstellung zu dem, wie man etwas ausübt und arbeitet, ist entscheidend. Auch für das Wohlgefühl bei deiner Arbeit. Verbinden wir uns mit unserer Herzenskraft und der mentalen Stärke und arbeiten wir aus der Präsenz unseres Seins heraus. Zudem geht es auch darum, einen Sinn und Inhalt in unserem beruflichen Sein zu erkennen und ihm auch einen zu geben, das Gebende und Verbindende zu sehen (eingebettet in das große Ganze) – sie existieren in jeder Tätigkeit.

Verbinde dich mit deinem inneren Wesen und atme tief ein und aus. Lies oder sage:

»Danke, goldene Flamme Salomo, dass du mir bei meinem beruflichen Sein zur Seite stehst und mich unterstützt, um meine Berufung zu finden und sie auch zu leben. Mit der Schwingung des goldenen Lichts finde ich meine wahre Berufung.

Ich setze die Absicht, die Energie der Flamme von Salomo in meine gesamten beruflichen Felder und Tätigkeiten hineinfließen zu lassen. Ich gebe meine beruflichen Ziele und Wünsche nach ›oben‹ hin ab … und gebe mein Bestes.

Die goldene Flamme Salomo strömt in meine inneren Widerstände (wenn sie da sind, seien sie mir bewusst oder auch nicht) – und sie lösen sich mit dem goldenen Licht immer mehr auf.

Ich öffne mich für meine gesamten beruflichen Erfahrungen und nehme ihre positive Quintessenz an. So erschaffe ich ein gutes Gefühl für meinen beruflichen Weg und schaffe ein gutes und starkes Resonanzfeld in mir, einen starken Nährboden für weitere positive berufliche Aktivitäten.

Meinen Fokus richte ich auf eine Arbeit, die wirklich zu mir passt. Die mit meiner Seele in Einklang steht. Ich sage ja zu meiner wahren Berufung und zu meinem beruflichen Umfeld und bitte die goldene Flamme, in meine beruflichen Pläne und Ambitionen zu fließen.

Ich nehme meine weiblichen Qualitäten an, um sie in all ihrer Stärke in mein berufliches Sein fließen zu lassen. Meine Intuitionskraft, meine Kreativität und meine soziale Kompetenz (die nicht nur in sozialen Berufen wertvolle und unterstützende weibliche Kräfte sind, sondern für jeden Beruf gebraucht werden) stärken sich mit dem goldenen Licht.

Meine Authentizität, meine Intelligenz sowie mein gestaltendes, erschaffendes und verbindendes Sein sowie mein inneres Feuer wachsen mehr und mehr. Mein Mut, meine Zielgerichtetheit, meine Durchsetzungskraft, meine innere Kraft, meine Ehrlichkeit und Echtheit, mein Geben und mein Wille stärken sich mit der hohen Frequenz des goldenen Feuers, das in mir brennt.

Mein weibliches Licht zum Führen wie auch zum Dienen leuchtet in all meine beruflichen Tätigkeitsfelder hinein. Ich bringe alle Facetten meines weiblichen Seins mehr und mehr in das, was ich ausübe und lebe. (Ich sehe und erkenne immer mehr den Sinn darin.)

Ich kommuniziere mit Leichtigkeit und entscheide klar aus der Verbindung meines Herzens mit meinem Verstand. Neue Ideen sind da. Ich erlaube mir, auch unorthodoxe Wege zu gehen und mich klar und präzise auszudrücken. Für mich und meine Ideale aufzustehen und loszugehen.

In allem, was ich tue, stehe ich mehr und mehr zu mir – zu meinen Handlungen und Entscheidungen. Ich lasse mich immer weniger manipulieren und ehre mein Gewissen. (In den kleinen und in den großen Dingen des Lebens.) Ich bin immer erfüllter in meinem beruflichen Sein und Wirken. (Im Kleinen – wie auch im Großen.)

Ich nehme das goldene Licht als eine sprudelnde Inspirationsquelle an. Integriere es mehr und mehr in mir. Mein Vertrauen in meine Fähigkeiten und Talente wird durch das goldene Flammenlicht gestärkt. Ich richte den Fokus auf meine weiblichen Qualitäten und ziehe sie so stärker in mein Leben hinein. Brenne für das innere Feuer meiner wahren Berufung. Ich vertraue mir und dem Fluss des Lebens.

Danke für meine beruflichen Beziehungen und mein berufliches Netzwerk.
Ich gehe in das Feld hinein, in dem meine Arbeit auf ihrem (echten) Platz steht.
Und ... lasse mein Licht leuchten.

Im Jetzt.
Danke.«

Atme tief ein und aus.

Empfangen – Schöpferkraft der Weiblichkeit – Marienlicht

Gedanken/Empfangen

Öffne dich für dein Empfangen.

So stärkst du deine Ahnungen, deine Lebensfülle und auch deine Fähigkeit zu geben: aus der Fülle heraus. Erlaube dir, deine Fülle zu empfangen und anzunehmen. Nimm alles an, was dir das Leben schenkt. (Auch die Leere im Sein - so erscheint auch die Fülle, die dahintersteckt.)

Was ist für dich Fülle?

Deine Empfänglichkeit ist genauso natürlich wie deine nahrende, gebende Energie. Das Wesen der Natur lebt in ihr - im universellen Kreislauf.
Die Natur zeigt uns unseren Spirit des Empfangens und des Gebens.

Was du gibst – empfängst du. Nicht eins zu eins verstanden, sondern im großen Rad des Lebens (beziehungsweise von allen Leben) verstanden.

Empfange das volle Leben – mit all seinen Möglichkeiten, Träumen und Wegen ... Öffne dich deiner weiblichen empfangenden Kraft.
Empfange deine Träume und gib sie an die Quelle ab.

Mache dir die Vielzahl von Geschenken bewusst, die du jeden Tag erhältst: sei es die Schönheit der Natur, ein berührender zwischenmenschlicher Augenblick oder eine liebevolle Umarmung.

Wie zwei Hände, die in sich ruhen, um sich wieder zu öffnen, lebt dein Empfangen in dir. Es zeigt sich in mehrerer Hinsicht: in dem Empfangen eines Musikstückes, eines Gedichtes oder eines guten Geschäftes, eines wunderbaren Essens, eines guten Tages, des spirituellen Weges, einer Liebe – bis hin zum Empfangen eines Babys, in Liebe und Würde.

Auch geht es um das Empfangen deines wirklichen Selbst.
Bist du bereit, dir immer näher zu kommen?

Empfänglichkeit ist die Essenz der weiblichen Energie.
Denn es wohnt im Sein.
Die Macht der weiblichen Natur liegt darin verborgen.

Die weibliche Qualität in jeglicher Art zu empfangen ist reine Magie. Sie ist intuitiv und empfängt Mitteilungen von der Quelle. Aus ihrem Strom um uns herum entspringen unsere Kreativität und unsere Heilfähigkeiten.

Empfangen wir die hochstehenden Schwingungen der weiblichen göttlichen Aspekte: wie die von der Venus, von Lilith, Maria Magdalena, Maria, Isis, Hathor und von den Plejaden. Empfangen wir die Liebe der großen Göttin.

In Einfachheit, Klarheit und Schönheit. Gehen wir den Weg der Göttin mit ihrer empfangenden und gebärenden Kraft.

Bist du bereit zu empfangen?

Anrufung für die kosmische Mutter

Wir haben alle auch unsere kosmischen Eltern.
Die Verbindung zu ihnen ist immer da. Die kosmischen Eltern
stehen hinter dir. Sie schenken dir bedingungslose Liebe. Geben
dir Halt und Stabilität.
Sie nähren dich sozusagen nach und können dir das geben, was
du als Kind vermisst hast – das, was die eigenen Eltern dir nicht
geben konnten.
Deine kosmischen Eltern: Sie heilen deine Wunden.

Wer ist deine kosmische Mutter?

Frage dich, von welcher weiblichen Gestalt, wo immer sie auch
weilt, du dich besonders angezogen fühlst.
Wer gibt dir ein besonderes Gefühl ...?
Welche weibliche Gestalt verehrst du?

Was sagt dir deine Intuition?
Frage dein Herz.

Lege deine Hände auf dein Herz, öffne dich für dein höheres
Selbst, atme tief ein und aus und sprich laut oder innerlich:

»Ich verbinde mich mit meinem höheren Selbst. Goldene Flamme
Salomo, leuchte in mir und lasse mich meine kosmische Mutter finden und annehmen. Flamme meines Herzens, ich bitte dich, unterstütze mich, die Verbindung zu meiner kosmischen Mutter auf-
zunehmen. Ich verbinde mich mit meinem höheren Selbst.

Lasse mich die bedingungslose Liebe meiner kosmischen Mutter fühlen und lasse diese Liebe tief in mein Herz, in meinen gesamten Körper, in meine Seele und in meinen Geist strömen.

Mit der goldenen Flamme Salomo stelle ich die Verbindung zu meiner kosmischen Mutter her. Meine mütterlichen Wunden heilen mit der goldenen Flamme und der Energie meiner kosmischen Mutter.

Ich nehme die Mutterliebe, die ich in allen meinen Leben erfahren habe, an. Das Licht von Salomo strömt in meine weiblichen Ahnen. Die Heilung meiner Mutterliebe greift automatisch auf die Heilung meiner mütterlichen Ahnenreihe über. Und auf die Menschen um mich herum.

Ich nehme die kosmische Mutterliebe an und integriere sie auf allen Ebenen meines Seins.

Im Jetzt.
So sei es.

Danke. Danke. Danke.«

Atme tief ein und aus.

Nimm wahr, wie die bedingungslose Liebe und Annahme deiner gewählten kosmischen Mutter in jede Zelle deines Herzens und deines gesamten Körpers fließt. In das Sein deiner Gegenwart. Die Verbindung zu deiner kosmischen Mutter heilt auch die Beziehung zu deiner biologischen Mutter. Atme tief ein und aus.

(»Tief getränkt von blutroter Kraft in mir weiß ich, dass alles gut ist, dass es auch immer gut war und dass alles möglich ist. Ich bade *im Ozean der Erfüllung und Glückseligkeit. Ein sanftes Lächeln spüre ich. Ich bin nicht allein und war es auch nie.«)*

Wann immer du es möchtest und das Bedürfnis nach einer mütterlichen, nährenden Energie verspürst, kannst du über deine Absicht bewusst den Kontakt zu deiner kosmischen Mutter aufnehmen. Sie ist für dich da – immer.

Lege deine rechte Hand auf dein Herz und öffne deine linke Hand.

Mit der linken Hand kannst du bewusst die kosmische Mutterliebe aufnehmen und mit der rechten Hand kannst du sie bewusst in deinem Herzen verankern. Lass die Liebe deiner kosmischen Mutter fließen. So lange, wie du es möchtest und brauchst. Nimm die kosmische Mutterliebe in dein Inneres hinein und gib sie in das Leben. Atme ein und aus.

So sei es.
Danke. Danke. Danke.

Danke, liebe kosmische Mutter.
Danke, liebe biologische Mutter.

Danke grüne Tara: Om Tare Tutare Ture Soha.
Danke, Shakti.
Danke, Mutter Erde.
Danke.

Anrufung für den kosmischen Vater

Frage dich:
Wer kann dein kosmischer Vater sein?
Zu wem zieht es dich hin?

Wer kann dir die nötige Vaterliebe geben?
Eine Stärke, einen Halt – einen Rückhalt im Leben?

Nun lege deine Hände auf dein Herz, öffne dich für dein höheres Selbst, atme tief ein und aus und sprich laut oder innerlich:

»Goldene Flamme Salomo, verbinde bitte unsere Herzen miteinander – mein Herz mit dem Herzen meines kosmischen Vaters – mit der goldenen Schnur. Lasse deine goldene Flamme verbindend zwischen mir und meinem kosmischen Vater sein. Ich öffne mich für mein höheres Selbst.

Ich nehme meinen kosmischen Vater an und lasse seine Vaterliebe in mein Herz fließen. In meine Seele, in meinen Geist und in meinen Körper hinein. Ich fühle, wie die kosmische Vaterenergie in jede einzelne meiner Zellen hineinfließt – auf allen Ebenen meines Seins.

Meine väterlichen Wunden heilen mit dem goldenen Licht.
Ich trete aus meinen väterlichen Wunden heraus.
Das Feuer von Salomo strömt in meine männliche Ahnenreihe, um sie zu reinigen und zu harmonisieren.

In Liebe und Dankbarkeit lasse ich sie los, so dass eine freie Liebe zwischen uns fließen kann.

Meine Heilung greift automatisch auch auf meine männliche Ahnenlinie über.

Und weiter auf alle Menschen um mich herum.

Ein heilender Kreislauf in beide Richtungen entsteht.

Ich nehme die Liebe meines biologischen Vaters an.

Und ich nehme die Vaterliebe, die ich in allen meinen Leben erfahren habe, an.

Ich nehme die Liebe meines kosmischen Vaters an.

Fühle, wie ich mich innerlich und äußerlich aufrichten kann.

Von innen stärkt sich mein Rückgrat und eine Aufrichtung erfolgt – meine Spannkraft erhöht und erweitert sich.

Ich liebe mich und ich bin bereit, meine Liebe, die ich in mir trage, weiterzutragen – in die Welt.

Ich bin sichtbar, glücklich und richte meine Aufmerksamkeit auf die vielen schönen Dinge in meinem Leben.

Danke. Danke. Danke.

So sei es.

Ich atme meine kosmische Vaterliebe ein. Ich atme meine kosmische Liebe aus.«

Fühle, wie die kosmische Vaterenergie deinen Rücken stärkt. Sie fließt entlang deiner Wirbelsäule, fließt in jeden einzelnen deiner Wirbel hinein und löst etwaige Blockaden dort auf. Sie fließt auch in deine komplette rechte Körperhälfte und in deine linke Gehirnhälfte. So synchronisiert sich dein Körper weiter und weiter.

Die kosmische Vaterliebe nährt dich nach.
Fühle, dass du angekommen bist, erfahre Erlaubnis und sei bereit zu handeln.

Das Leben scheint dich zu rufen – das volle Leben.

Die kosmische Vaterliebe erfrischt und stärkt deinen Geist.
Gehe in die Einfachheit und Klarheit.
In die Berufung deines Lebens. Fühle dich von der tragenden Kraft deines kosmischen Vaters unterstützt.
Atme bewusst ein und aus und fühle deine innere und äußere Stärke.

Danke.
Danke, lieber kosmischer Vater.
Danke, lieber biologischer Vater.

Inneres Kind

In dir – da wohnt es.

Es gibt in jedem von uns ein sogenanntes inneres Kind.

Das wichtigste Wesen in deinem Leben.

Es geht darum, den Kontakt zu unserem inneren Kind herzustellen – zu dem Kind in dir, das du einst in deiner Kindheit warst.

Und es geht darum, die Gefühle, die Verletzungen und Wunden des inneren Kindes in dir zu heilen. Je mehr du deine Gefühle annimmst und transformierst, desto mehr heilt dein inneres Kind bzw. deine inneren Kinder, wie das aus deiner Zeit als Kleinkind, das aus deiner Teenagerzeit usw.

Du kannst deine "inneren Kinder" voll und ganz wieder zu dir zurückholen.
Sieh sie und fühle sie und nimm sie vollkommen an.
In deine Arme gehören sie – und zwar nur in deine.
In dir, da wohnen sie.
Deine inneren Kinder.

Die kosmische Nabelschnur

Im Mutterleib bekommen wir schon sehr viel mit. Zum einen leben wir im Mutterleib ("frisch vom Himmel kommend") in einer vollkommenen Seinsqualität – in einem Zustand des Einsseins. Zum anderen bekommen wir aber auch schon viel von unserer Umgebung mit – auf einer bestimmten Ebene in dir –, ohne es im Entferntesten zuordnen zu können.

Wisse, du kommst gerade eben aus der geistigen Welt, wo es keine wirkliche Trennung gibt und du eins bist mit den anderen, und gleichzeitig bist du auch in der geistigen Welt "du" und als "du" auch klar erkennbar. Es ist schwer, es mit dem Verstand zu fassen – doch es ist faszinierend.
Sobald du dich materialisiert hast, kommst du aus dem Einssein heraus und der Schleier des Vergessens legt sich immer weiter über dich.
Im Mutterleib befindest du dich in einer Art Übergangsstadium.

Du bist noch sehr, sehr nahe dran an der geistigen Welt – deinem eigentlichen Zuhause, aber eben nicht mehr dort. Und so hat der Trennungsschmerz schon im Mutterleib begonnen – der Trennungsschmerz von deinem Ursprung.

In der sichtbaren Welt, in der materiellen Wirklichkeit bist du noch nicht ganz angekommen, da du ja noch vor deiner Geburt stehst. In diesem Übergangsstadium übernimmst du im Grunde oft die Gefühle der anderen – vor allem die deiner Mutter.

Wisse, du kannst die Gefühle der anderen nicht erlösen, und es ist Zeit, die übernommenen Gefühle aufzulösen. Im Heute kannst du es.

Die kosmische Nabelschnur ist zum einen tief verwurzelt in Mutter Erde und hilft dir, dich mehr im Körper zu verbinden. Zum anderen reicht die göttliche Nabelschnur hoch hinauf in den Himmel und verbindet dich mit dem Allerhöchsten.

Lege für die Verbindung mit deiner kosmischen Nabelschur deine beiden Hände auf deinen Bauchnabel, atme tief ein und aus und sage:

»Danke, ich bin ein reiner und klarer Kanal für die goldene Flamme Salomo. Die Flamme harmonisiert und transformiert meine Verletzungen, die ich im Mutterleib erfahren habe. Mein Gefühl der Trennung heilt mit der Liebe der Quelle. Mein Sein in mir erstrahlt neu.

Goldene Flamme, die direkt aus der Quelle kommt, ich bitte dich, eine kosmische Nabelschnur zur geistigen Welt zu legen. Mich mit dem Göttlichen im Himmel, mit Gott und der großen Göttin, der Schöpfung, unserer Quelle zu verbinden – auf allen Ebenen meines Seins.

Meine kosmische Nabelschnur ist da.
Ich habe eine gute kosmische Anbindung – mit dem goldenen Licht.
Mit meinem höheren Selbst bin ich gut verbunden.
Ich bin. Ich bin die, die ich bin. Ich bin der, der ich bin.

Im Jetzt.
Danke.
So sei es.«

Atme tief ein und aus.

Die geistige Welt umhüllt dich sozusagen mit deinem höheren Selbst. Von oben, von unten, von rechts, von links, von vorne und von hinten. Es ist dir jederzeit möglich, dich mit dem hochschwingenden, göttlichen Licht zu verbinden und dich tief mit der Energie von Mutter Erden zu stärken.

Deine kosmische Nabelschnur – sie ist wie ein "Heiliger Gral". Sie nährt dich mit hochschwingenden Energien. So bist du mit beiden Beinen fest verankert – hier und jetzt im Leben stehend – und kannst deinen dir zugedachten Seelenplan und deine Seelenwege mit voller positiver Kraft leben.

℞ Für eine stärkere Verbundenheit mit deinem inneren Kind

Für die Stärkung deines inneren Kindes lege die Hände auf deinen Bauchnabel (den Sitz deines inneren Kindes), atme tief ein, lächle und atme in deinen Körper aus. Sage:

»Ich öffne mich für das goldene Licht aus der Quelle und für das Marienlicht und empfange sie. Die heilsamen Schwingungen fließen in meine inneren Kinder hinein. Ich würdige meine inneren Kinder.

Die Seelen- und Lernerfahrungen meiner inneren Kinder werden gestärkt und die Lebensenergie meiner inneren Kinder kann freier geborgen werden und freier fließen. Ich bin dankbar für alles Stärkende und Nährende, das ich in meinem Leben erfahren habe.

Das Marienlicht harmonisiert und heilt die Seelenwunden meiner inneren Kinder. Transformation und Heilung geschehen – mit dem Ursprungslicht. Auf allen Ebenen meines Seins.
Ich fühle mich geborgen und gehalten – im Arm der großen Mutter.
Das Licht meines inneren Kindes scheint immer mehr.

Im Jetzt.
Danke.
So sei es.«

Atme die Liebe der großen Mutter ein und atme die Liebe der großen Mutter aus.

Die Heilige-Gral-Energie

Die Heilige-Gral-Energie ist der Schlüssel zu deiner Weiblichkeit – er liegt in deinem Schoß. (In diesem Abschnitt geht es mir rein um die symbolische Bedeutung des Heiligen Grals für uns Frauen. Verzeih, lieber Leser. ☺)

Die schöpferische Stärke lebt in dir: deine Verbindung zu den Mysterien des Lebens und zu den geistigen Welten – deine Verbindung zum reinen Sein.

In der Heiligen-Gral-Energie liegt deine Verbindung zu deiner Urweiblichkeit, zu deiner Kreativität, zu deinen Urinstinkten und zu deinen tieferen Welten. Zu dem Sein, dem Innehalten, der Gelassenheit im Hier und Jetzt, dem Hingeben und dem Anlehnen.

Das Feminine, was oft als Schwäche angesehen wurde, aber ja ganz das Gegenteil davon ist ...

Im Heiligen Gral liegt der Zauber des Wandels.
Das Momentum der Gegenwart. Im Jetzt. In der Präsenz des Lichts.
Unser Heiliger Gral liegt tief in unserem Körper, in unserem Becken verborgen – in dem unsere Stärke liegt.

In unserem Inneren ist Wandel möglich. Wir empfangen und wir geben. Wir nehmen Energie in uns auf und geben Energie nach außen hin ab.

Innen und außen. Und was wir geben, fließt zu uns zurück.
Im Kreislauf des Lebens.

In der Geschichte ist der Heilige Gral oft dargestellt als ein Kelch,
eine Schale, ein Schwert oder auch als der weibliche Schoß.

Entdecken wir unseren Heiligen Gral.
Der die Verbindung zur geistigen Welt symbolisiert und die Stärke
der Wandlung und Erneuerung ist.
Um hier auf Erden vollkommen anzukommen und zu leben.

Wenn wir den Heiligen Gral als Symbol, als eine heilige Schale
ansehen, können wir symbolisch in ihr Platz nehmen.
Verwurzeln wir uns darin.
Es ist unser wahrer Platz in unserem Leben.
In ihm sind wir frei.

Wie kannst du deine Kreativität voll ausschöpfen?

Was empfängst du?
Und was kannst du mit der Welt teilen?

Was kann dein eigenes Symbol für deinen Heiligen Gral sein?

Der dir die Verbindung zur geistigen Welt vermittelt und dich an
deine urinnerste Kraft erinnert, an die Kraft eines heiligen Dreiecks.
An deine weibliche Stärke – die in deinem Schoß liegt.

Er kann ein besonderer Gegenstand sein. Ein von dir gesetzter Anker, ein Buch, ein Geruch, eine Farbe, ein Geschenk, ein Ort ...
Im Endeffekt lebt der Heilige Gral in dir.

Marienlicht

Oh Maria – oh du.

Der Heilige Gral unserer Weiblichkeit liegt in den (heiligen) "Marienenergien" verborgen. Von denen eine Schutzpatronin Mutter Maria ist.
Maria, die die bedingungslose Liebe verkörpert. In einer Schlichtheit und Purheit. Der Kanal zu den geistigen Welten stärkt sich mit dem Marienlicht, das Maria überträgt. Die Verbindungslinie zum Himmel wird klarer und reiner.

Um dich mit dem Marienlicht zu verbinden, atme tief ein, halte inne und atme tief aus, lege deine Hände auf dein Herz und sage:

»So öffne ich mich für das Marienlicht von Mutter Maria und empfange es. Danke, dass das Marienlicht in mir fließt – bis in jede einzelne Zelle, bis in ihren Zellkern und in die Zellzwischenräume.

Das Marienlicht erhellt meine Seele, meinen Geist und meinen Körper, auf allen Ebenen meines Seins, die sich in jedem einzelnen Atom widerspiegeln.

Die Sanftheit und bedingungslose Liebe des Marienlichtes weitet und erfüllt mich.

Mein göttlicher Funke scheint. Ich bin mit dem Atem des Universums verbunden. Mit der Marienschwingung der Erde.

Mein Mitgefühl und meine Mitfreude werden gestärkt. Ich fühle und sehe mit den Augen der Liebe. Ich erkenne das Besondere und Einzigartige in uns Menschen.

Die Stärke und Reinheit des Herzens – mit Sanftheit und Klarheit – wachsen.

Ich gebe mich dem Leben hin – mit dem Marienlicht, das in mir leuchtet. In Frieden und Freiheit. Vertrauen ist da. In mir, in das Leben und in den Tod.

(Meine Demut und Hingabe wachsen.)

Das Marienlicht verbindet mich mit dem Heiligen Gral der Ur-weiblichkeit.

Es öffnet sich das Tor zur unendlichen Liebe. Die unzerstörbar und untrennbar ist. Mein weiblicher Gral lebt. Mit ihm bin ich verbunden – mit allem. Mit dem reinen Quellenlicht. Mit der Alleinheit.

(Gnade ist.)

Ich nehme das Marienlicht an. Ich vertraue mir und dem Fluss des Lebens.

Mein Atem ist – er ist mit dem göttlichen Atem verbunden.

Danke.

So sei es.

Halleluja.«

Atme das Marienlicht ein – atme das Marienlicht aus – und gib es in deine Umgebung, ins Leben weiter.

Du bist gesegnet.

Mit dem Marienlicht.

Anrufung für das Empfangen mit Hathor

Hathor ist der Mythologie nach eine Göttin der Empfängnis. Sie unterstützt uns in unserem Kinderwunsch und auch bei anderen Dingen, die wir in unserem Leben empfangen möchten.

Es geht darum, immer mehr zurückzutreten (mit seinem Ego, seiner Persönlichkeit) und ins Annehmen, Empfangen und ins Loslassen und Geben (nach oben hin abgeben) zu gehen. In einen Glauben und in ein Vertrauen.

Was möchtest du empfangen?
Möchtest du deine Kreativität ausleben, bestimmte Gaben und Talente, die in dir sind, hervorholen, deine Berufung und deinen Beruf in dein Leben ziehen?
Oder möchtest du gerne ein Baby empfangen?
Möchtest du singen, tanzen, malen, Musik machen oder etwas anderes?

Du kannst dich mit der folgenden Meditation mit der Energie der goldenen Flamme Salomo und der von Hathor verbinden, um den Geist des Empfangens und deiner Kreativität zu stärken.

ᴥ Meditation:

Setze oder lege dich an einen für dich schönen Ort.
Komme zur Ruhe.
Atme bewusst ein und aus.
Fühle, wie sich dein Brustkorb hebt und senkt.

Fühle deinen Körper, wie er sitzt oder liegt und in Kontakt mit
dem Boden, Sofa oder Ähnlichem ist. Lege deine Hände auf
deinen Körper und begib dich mit deiner Aufmerksamkeit in deinen Körper.
Spüre deinen Körper von innen.
Atme tief ein und aus.

Sprich innerlich oder laut:

»Goldenes Licht, ich bitte dich, in meinem Herzen zu erscheinen
und mein ureigenes Licht in meinem Herzen anzuzünden. Ich
öffne mich für mein Empfangen. Meine urweibliche Fähigkeit des
Empfangens und Gebärens stärkt sich mit dem goldenen Quellenlicht.

Ich öffne mich für meine Gabe des Gebens.

Göttin Hathor, ich bitte dich, stärke meine Gabe des Empfangens
in vielerlei Hinsicht. Ich gebe all das, was mir für mein Empfangen
im Weg steht, mit der Energie von Göttin Hathor in die Erde ab.
Ich bin offen, das Gewünschte zu empfangen, in vielerlei Art und
Weise. Wie es genau zu mir kommt und wie ich es empfange,
lasse ich offen, meine Vorstellungen dazu gebe ich nach oben
hin ab.

Ich öffne mich für meine Möglichkeiten und meine Chancen – mit der Energie der Göttin Hathor und der des goldenen Feuers von Salomo. Meine ureigene Kreativität erwacht mit der Schwingungsliebe der Gottin Hathor in einem neuen Sinne. Meine Originalität wird gestärkt.

Göttin Hathor, ich bitte dich, lege einen Samen tief in meine Gebärmutter und in meine Fortpflanzungsorgane, was den Weg für eine Empfängnis in mir bereitet, als Mutter.

Göttin Hathor, bitte unterstütze mich bei meinem Kinderwunsch und ströme in meinen Körper, in meine Seele und in meinen Geist – auf allen Ebenen meines Seins.

Ich gehe den Weg der Göttin immer weiter.

Im Jetzt.
So sei es.
Danke. Danke. Danke.«

Atme tief ein und aus. Atme ein und empfange und atme aus und gib.

℞ Anrufung für deinen Kinderwunsch

Lege deine Hände auf dein Herz und atme tief ein und aus. Sage innerlich oder laut:

»Goldene Flamme Salomo – ich bitte dich in reiner Schlichtheit, Klarheit und Einfachheit, sei mit deiner weiblichen Schwingung der Flamme da. Ich öffne mich für die Schwingung von Göttin Hathor und verbinde mich mit ihr.

Schon jetzt gibt es eine Verbundenheit mit der Seele, die zu uns kommen möchte – in Liebe, Hingabe und Freiheit. Ich breite meine seelischen, meine geistigen und meine körperlichen Flügel aus. Ich fühle die Wärme und Liebe der goldenen Flamme und der Schwingung von Göttin Hathor.

Ich bin bereit, Mutter zu werden, und bitte darum, mein Vertrauen und meine mütterliche Liebe zu stärken. Ich bin mit meiner Mutterlinie verbunden und bereit zu empfangen. Ich gebe das Empfangen an die Schöpfung ab.

Lasse los und gehe in mein Vertrauen. Ich bin bereit, Liebe zu geben.

Danke für das Feuer meines Empfangens.
Danke für das Feuer meines Gebens.
Ich möchte meine Lieben umarmen und nähren.

Im Jetzt.
Danke. Danke. Danke.
Zum Wohle aller.«

Atme tief ein und aus.

Die Geburt, sie fängt schon vor der Zeugung an. In der unsichtbaren Welt beginnt sie und nimmt ihren Lauf – bis sie sich in der sichtbaren Welt zeigt. Eine Verbundenheit existiert – wechselseitig. Schon vor der Geburt ist daher eine wachere Verbindung zwischen den Seelen möglich, um ein bewussteres Empfangen vorzubereiten. In Träumen, Bildern und Visionen kann es sich ankündigen – mit der Intuition erfüllt werden. Um das Vertrauen und den Glauben zu stärken.

"Erzengel Gabriel ist bei dir und bei deinem Wunsch, ein Kind zu empfangen und zu gebären. Es leuchtet – in Gelb und in Weiß."

Gedanken/Fülle/Träume und Wünsche

Sie schlummern vielleicht ein wenig vor sich hin – fast wie in einem Halbschlaf – um nur ab und zu an die Oberfläche zu kommen: deine tiefsten Träume und Wünsche.

Weißt du, was du dir von Herzen ersehnst?

Die weibliche Natur des Empfangens und Erschaffens lebt in deinen Träumen. Schau auf sie – vertraue deinen Instinkten und deiner Sehnsucht.

Und sieh: *Was möchte dir dein Leben sagen?*
Jede Begegnung hält ein Geschenk für dich bereit. Achte auf Synchronizitäten in deinem Leben. Überall kannst du etwas entdecken. Schau, wie die Dinge zusammenhängen. *Wird dir etwas öfters mitgeteilt, vielleicht von verschiedenen Seiten? Was denkst du, ist genau für deine Ohren bestimmt?*

Chancen kommen wieder und wieder. Vielleicht in anderer, auch stimmigerer Art und Weise. Sei wachsam. Es ist alles da. Auf der Straße kann einfach alles liegen. Das Leben ist so bunt.
Es kann Rock 'n' Roll sein. Und: Hingabe.

Magst du Cello, Klavier, Harfe oder Zitter spielen?

Jeder Moment zählt und ist für dich. Nichts geschieht zufällig, da alles miteinander verbunden ist – in einer miteinander kommunizierenden Schwingung. In jedem Augenblick.

Inspiration und Kreativität wachsen immer mehr, je mehr wir in eine emotionale Freiheit kommen. Wir haben ein unglaubliches weibliches Schöpfungspotenzial.

Um deine Träume zu bergen, verbinde dich immer mehr mit deinem Herzen und schaue, wo du echte Freude fühlst.

Deine Intuition ist ein Akt des Empfangens.

Öffne deinen Kanal. Sei bereit. Für deine urweiblichen Qualitäten.

Du bist frei zu wählen.

Du weißt die Antworten – dein intuitives Wissen lebt in dir.

Lege den Fokus auf deine Träume! Gib ihnen deine Energie und gehe sinnlich mit deinen Träumen um. Mit der Empathie deiner weiblichen Seite – sieh sie, fühle sie, umarme sie, schmecke sie – sei sozusagen "schwanger" mit ihnen und nimm sie an die Hand.

Gib deinen Wünschen tief in dir die Erlaubnis, in der materiellen Realität zu erscheinen. *Entscheide dich mit deiner Herzenskraft dazu.*

Die goldene Flamme steht mit ihrer Farbe für unendliche Fülle und grenzenlosen Reichtum – in vielerlei Hinsicht!

Du bist Fülle. In dir ist deine innere unendliche Fülle. Erlaube sie dir und wandle deine innere Fülle in deine äußere Fülle um mit der goldenen Flamme Salomo, die mit der Fülle des Universums verbunden ist.

Unsere Träume und Wünsche kommen von Gott/Vater/Mutter aus dem Herzen, und dort fangen sie auch an, sich zu materialisieren. In dem Raum des Lichts, in der Weite und Tiefe deines Herzens ist schon alles da, was du dir ersehnst.

Nehmen wir unsere Träume und Wünsche bewusst wahr und entscheiden wir uns mit unserer Herzenskraft, sie auch zu leben. Unsere Herzensentscheidungen sind magisch. Leben und erschaffen wir aus unserem Herz heraus.

In unserer Sehnsucht sind wir mit der Sehnsucht des Universums verbunden.

Wir können uns immer klarer werden über unsere Träume, je mehr wir in uns ankommen. Fokussieren wir uns, setzen wir klare Absichten und gehen wir in die Handlung.

"Dream, believe, achieve!"

Verbinden wir uns mit der Quelle, bitten wir um Unterstützung und geben wir unsere Träume ans Universum ab.

Erfreue dich an den Wünschen und Träumen der anderen.

Je näher du deinem Sein in dir kommst, desto näher bist du mit dem Sein der Welt verbunden. Im Sein ist alles enthalten.
Da du Zugang zu deinem Sein hast, hast du auch Zugang zum Sein der Welt – zu allen Ressourcen, Fähigkeiten und Möglichkeiten.

Wir sind zwischen Himmel und Erde wie mit einer unsichtbaren Schnur in einer vertikalen Linie mit all unseren Möglichkeiten verbunden – mit dem universellen Quantenfeld, in dem alles vorhanden ist. Und wir können uns mit dem verbinden, was wir als Vision in uns tragen und was schon in uns lebt. In unserer Matrix, unserem Möglichkeitsraum.

Du bist ja selbst die Quelle, das Licht, die Fülle, die Schönheit, die Gesundheit – im Sein, in der wahren Präsenz – im Hier und Jetzt.

Nimm deine weibliche Schöpferkraft an.
Es ist so viel möglich in der heutigen Zeit.
Die mentale Kraft macht Quantensprünge in uns.

Unsere Herzenswünsche kommen aus der Quelle und haben daher eine sehr starke Kraft. Die Wünsche, die aus unserem Ego kommen, sie können doch gehen ... Lassen wir sie mehr und mehr los.

Mit unseren Träumen sind wir mit den Träumen der Welt verbunden.

Oh yeah!

Übung für deine Visionen

Sei eine Träumerin, ein Träumer.

Die goldene Flamme Salomo berührt den Teil des reinen Herzens. *In ihm lebt Magie.*

Siehe dein Leben vor dir – genau so, wie du es dir ersehnst. Du bist in der Lage, dein Leben mit zu gestalten – aus deinem grenzenlosen Licht, in dem deine Liebe als die stärkste Schöpferkraft verborgen ist. Je mehr du dich mit deinem unendlichen Sein des Herzens verbindest, desto mehr kannst du erschaffen. Denn in diesem unbegrenzten Raum hast du zu allem Zugang. Aus deinem Sein – deiner natürlichen Präsenz.

Male dir alles genau so aus, wie du es dir ersehnst. Einzelne Situationen, Begebenheiten, Vorstellungen & Visionen. Sieh dich selbst so, wie du leben möchtest – und zwar ganz real. Sieh es vor dir. Verbinde dich mit dem Gefühl, wenn du visualisierst. Ergründe, wie du dich mit deinen erfüllten Träumen fühlen könntest, und nimm dann dieses Gefühl als Grundlage für deine Manifestation. Im Fühlen deiner Vision liegt die Kraft für deinen Erfolg.

Die Gefühle sind der Schlüssel für deine Materialisation.

Kreiere Bilder zu deinen Träumen. Sie ziehen neue Realitäten an und sind umso stärker, je mehr du sie fühlst.

Du kannst deinen Wünschen einen höheren Sinn geben und dich mit deinem Fühlen verbinden. Mit deiner Wahrnehmungsfähigkeit. Ein Beispiel: Wenn du dir eine schöne Wohnung wünschst, kannst du dir vorstellen, wie es ist, in ihr zu wohnen. Ganz konkret. Mit welchen Menschen bist du in ihr? Vielleicht genießt du ein mit viel Spaß gekochtes Essen mit deinen engsten Freunden und ihr habt einen schönen Abend zusammen. Nimm deine Gefühle dabei wahr, wie ihr dieses Essen teilt, und integriere sie in deinem Herzen.

Welches Gefühl steckt in deinem Wunsch?
Das Gefühl von Freiheit, Glück, Liebe oder ein anderes?
Was kannst du anderen mit deinen Träumen geben, und was möchtest du mit der Welt teilen?

Gehe in den gewünschten Zustand, der in deinem Wunsch verborgen liegt. Und verbinde ihn mit deiner Visualisierung.

❦ Für deine Vision

So sage:

»Ich öffne mich für die Energie der goldenen Flamme Salomo und empfange sie. Ihr Licht fließt in meine Vision – mit ihr Bilder und Gefühle, die ich empfange. Neue lichtvolle Strukturen entstehen in meiner Vision. Sie sind mit dem Ursprungslicht in meinem Herzen vereint. Ich bin bereit, sie zu leben, und verbinde mich mit dem Gefühl von (setze das Gefühl ein, das du mit dieser Vision verbindest). Diese Emotion füllt sich nun mit der goldenen Flamme auf.
Mit dem goldenen Licht bin ich mit der Quelle verbunden, um deren Unterstützung ich für meine Vision bitte.

Meine Vision möchte ich in das ›Große und Ganze‹ eingebettet wissen. Ich vertraue meinen Lebensaufgaben und bin bereit, sie zu leben. Mehr und mehr lebe ich das, wofür ich hier bin.

Ich gebe mich der Quelle hin und gebe meine Vision an sie ab und vertraue.

Im Jetzt.

So sei es.
Danke.«

So lange, wie es sich gut und stimmig für dich anfühlt, lasse die Energie laufen. Atme die goldene Flamme ein und atme die goldene Flamme aus.

Unser Materialisieren kann heute mit immer mehr Leichtigkeit und Freude vonstattengehen. Visualisiere und fühle alles so, wie es dir dein Herz zuflüstert und wie du es dir ersehnst. Mit deiner Sensibilität und deiner Empathie.
Wir können die Liebe sehen, die hinter allem steht.
Unser tiefsten Wünsche und Sehnsüchte kommen aus unserem heiligen Raum im Herzen, und wir können sie bewusst, aufgeladen mit der goldenen Flamme Salomo, wieder in ihn hineintun. So schließt sich ein Kreis.
Dann können wir sie nach oben geben zu Gott/Vater/Mutter und in unseren inneren Raum der Geduld gehen. (Lasse los, vertraue und glaube.)

Sieh deine tiefsten Wünsche als ein Wunder in deinem Herzen. Sie sind schon geistige Realität, denn ansonsten würdest du sie nicht in dir tragen. Du hättest keine Resonanz zu ihnen. Sie stehen in deiner Matrix – in deinem Möglichkeitsraum. In ihm bist du mit allen Möglichkeiten des Universums verbunden.

ଔ Für die Manifestation deiner Träume und Wünsche

Lege deine Hände auf dein Herz und verbinde dich mit deiner Seele. Während du die Anrufung sprichst, denke an deine Träume. Sage, laut oder innerlich:

»Danke für meine tiefsten Wünsche und Träume.
Ich verbinde mich mit der Schöpfung. Danke, goldene Flamme Salomo, ich öffne mich für die Schwingung der goldenen Flamme Salomo und für meine weibliche Schöpferkraft.

Ich bitte darum, die Kraft der goldenen Flamme auf meine tiefsten Wünsche zu richten, wie einen Strahl, einen Materialisierungsstrahl (meinen Zauberstrahl). So lege ich einen Samen, dessen Pflanze wächst und wächst.
Mit diesem starken Strahl, der lichtvollen Flamme, lade ich meine Träume und Wünsche ein, von der geistigen Realität in die materielle Realität zu kommen. Meine so aufgeladenen Wünsche und Sehnsüchte lege ich in meinen Herzensinnenraum. In mein himmlisches Herz.

Ich bin meine Wünsche und meine Sehnsüchte. Ich gebe sie ans Universum ab und vertraue, dass sie sich genau zum richtigen Zeitpunkt materialisieren.
Danke für ihr Erscheinen in der sichtbaren Welt.
Zum Wohle für alle Beteiligten.

Die Schöpferkraft des weiblichen Feuers meiner Wünsche lebt. Ich bin Reichtum und Fülle, die das goldene Licht symbolisiert.

Im Jetzt.

So sei es.
Danke.«

Vertraue auf dein Talent zum Materialisieren und glaube an dein schöpferisches Potenzial. Nimm das an, was du in dir trägst und fühlst.

Sei deine Sehnsucht. Du – Sternschnuppe.

Wünsche das, was du dir für dich selbst wünschst, mit offenem Herzen auch allen anderen.

Atme deine Vision und deine Träume ein, halte inne und verankere sie in deinem Herzen. Atme aus und gib deine Vision und deine Träume mit dem Ausatmen ins Leben hinein und teile sie mit der Welt. Fülle den Raum um dich herum mit deinen Träumen auf und schenke sie der Welt.

Wenn du magst, mache beim Einatmen eine Geste des Empfangens – lege deine beiden Hände auf dein Herz.
Mache beim Ausatmen eine Geste des Gebens – öffne deine beiden Hände nach oben hin.

Geist – Code der Weiblichkeit – höheres Selbst

Gedanken/Geist

"Draußen, jenseits der Vorstellung von richtig und
falsch, liegt ein Feld.
Dort werden wir uns treffen.
Wenn die Seele sich selbst ins Gras dort niederlässt,
ist die Welt so voll, dass davon niemand mehr zu reden vermag.
Vorstellungen, Sprache, selbst der Ausdruck 'der andere' – das alles ist dann sinnlos geworden ..."

Rumi

"Der Heilige Geist ist der heile Geist, der, dem alles
zugrunde liegt, aus dem alles entspringt, der Urgrund
des Seins. Der Geist ist das vollkommene Bewusstsein
– das Meer der Quelle, aus dem alles fließt, in dem
alles enthalten ist – die Vollkommenheit, die Leere,

die Stille, das Sein, der Moment, die Fülle ... die Ewigkeit. Alles ist Geist."

Salomo

Alles ist Geist, und die Quelle des Lebens ist unendlicher Schöpfungsgeist. In unserer neuen Zeit geht es immer mehr auch um die geistige Kraft, mit der wir den Schlüssel zu dem Portal des reinen Bewusstseins in unseren Händen halten: Denn alles im Universum ist mit der unendlichen Vorstellungskraft untereinander verbunden – in der Sprache des Bewusstseins.

Wir können immer mehr in eine Multidimensionalität gelangen. Und mit dem Herzen denken. Mit dem Herzen sehen. Mit dem Herzen hören. Mit dem Herzen reden. Und mit dem Verstand fühlen. Unser Gehirn im Herzen integrieren. Je mehr wir unsere Emotionen heilen, desto freier werden wir, um auf unser geistiges Potenzial zuzugreifen.

Unsere mentale Kraft wächst mit unserer Entwicklung.

Unsere Gedankenkraft und unsere Schöpferstärke werden klarer, reiner und fokussierter. Leichter und spielerischer.

Ein Gedanke an sich hat keine Macht. Es ist nur ein Gedanke – ein Konstrukt deines Geistes. Doch du kannst ihm Macht geben, wenn du dich entscheidest, ihn zu glauben. Oder du kannst einem Gedanken die Macht wieder entziehen, wenn du dich entscheidest, ihm keinen Glauben mehr zu schenken. Entscheidest du, dass du einem bestimmten Gedanken Glauben schenkst, dann ist ein Gedanke mächtig. Sehr mächtig sogar. Denn mit deinem Gedanken, deinem Glauben, deinen Überzeugungen und Glaubenssätzen bist du der Schöpfer deiner Wirklichkeit. Du entscheidest. Du hast die mentale Kraft und Stärke, dein Leben zu bestimmen.

236

Unsere Sorgen und Ängste werden kleiner, je mehr wir in unserer Gegenwart präsent sind.

Machen wir uns bewusst, dass wir immer nur einen kleinen Ausschnitt sehen ... aus unserer Perspektive.
Umarmen wir auch unser Nichtwissen, es befreit so.

Öffnen wir unseren Geist, mehr und mehr, wie eine Blume. (Um unser uraltes Wissen zu bergen.) Ein Paradoxon?

Unser Prozess des Bewusstseins ist im vollem Gange und erschafft eine neue Ordnung auf der Erde, die sich auf alle Himmelskörper auswirkt.
Neue Werte entstehen. (Was mit Chaos und Zerstörung einhergeht.)
Die verschiedenen Zeitebenen verbinden sich stärker.
Wir können im Augenblick leben.

Wenn immer mehr Menschen den Weg der Heilung des Herzens, der Wahrheit, der Liebe und des Lichtes gehen, kann die Umkehr stattfinden. Jeder kann mit seiner Liebe im Herzen unendlich viel Liebe auf den Planeten bringen, da die Liebe in unseren Herzen unendlich ist.

So viel Hilfe ist mit den vielen hohen Schwingungen der neuen Zeit da. Wir stehen mit einem Bein schon im goldenen Zeitalter und befinden uns zudem auch im sogenannten Zeitalter der Plejaden, in der reinsten Liebe - in einem übergeordneten Sinne. Gerade heute kommt diese reine, hohe Sternenenergie immer mehr auf die Erde.

Wir hören neu, wir sehen neu, wir tasten neu, wir schmecken neu, wir riechen neu, wir kommunizieren neu, wir denken neu, wir sprechen neu ...

Unsere Sinne erwachen mehr und mehr – und werden so immer stärker zu einem Code unserer neu geborenen Weiblichkeit, wie auch alle Portale der weiblichen Schwingungen Codes der Weiblichkeit sind.

Es geht darum, unser inneres mentales Potenzial zur Entfaltung zu bringen, um unser Inneres mit der äußeren Wirklichkeit in Einklang zu bringen. Um zu unserem wahren Selbst zu werden und etwas zur Entwicklung der Erde (die in die fünfte Dimension hineingeht) beitragen zu können.

Evolution ist der Schlüssel.
Hin zur Gnade der Schöpfung.

Anrufung für den Geist

Goldene Flamme Salomo, ich lade dich ein, in meinem Leben immer präsenter zu erscheinen, um mit mir mehr und mehr die Erfüllung meines Geistes zu leben. Um größeres Bewusstsein zu erlangen. Mein Unbewusstes immer mehr zu klären. Um den Weg meiner Erkenntnis und meiner Entwicklung immer mehr zu gehen. Die goldene Flamme verbinde ich mit einem weißen Licht, so dass eine gold-weiße Flamme entsteht.

»Am Ufer des Lichtes an einem reinen See stehe ich und tauche meine Fingerspitzen hinein in dein reines Quellwasser.
Nun wasche ich meine Hände in dem heiligen Quellwasser – ich reinige sie und wasche meine Hände in der Unschuld.
Denn hier ist die Quelle der Unschuld, des reinen Seins ...

Hier wohnt auch die Stille, das Unfassbare, nicht in Worte verkleidete Sein. Das Nichts, in dem alles enthalten ist. (Auch der Schrei.) Das, alles, was ist.

WUNDERSCHÖN.«

Anrufung

Atme tief ein und aus und sage, laut oder innerlich:

»Gold-weiße Flamme, stärke den Zugang zu meinem heilen Geist. So dass ich mich von meinem kleinen Ich zu meinem großen Ich (meinem natürlichen Selbst) hin entwickele. So dass ich mich immer mehr zurücknehmen kann (mit meinem Ego), um meine geistige, reine und volle Kraft zu leben.

Meine mentale Stärke wird mit dem goldenen Flammenlicht entfacht.
So dass meine wahre Geisteskraft mich immer mehr durchdringen kann. Einfach, klar, direkt und rein.

Das goldene Licht der Zentralsonne strömt in mein Unbewusstes und in mein Gehirn. Mein Gehirn gleicht sich immer mehr mit meinem Herz aus – mit der goldenen Flamme des Ursprungs.
Meine mentale Kraft ist klar und rein.

Im Jetzt.
Danke.
Zum Wohle aller.«

Atme tief ein und aus.

Atme Klarheit ein, halte inne, atme aus und gib sie ins Leben hinein.
Fülle den Raum um dich herum mit Klarheit aus – er ist wie ein klarer, stiller See (um dich herum).

Mein Weg ...

Die innere Sonne - sie strahlt immer.

Ich erinnere mich an eine Situation, in der eine Freundin (in der Zeit, in der ich sehr stark um meinen verstorbenen Vater trauerte und ich manchmal das Gefühl hatte, dass die Verzweiflung mich schier zerriss ...) mir in die Augen schaute und zu mir sagte: "Du, Sara, egal, was ist - in dir, da gibt es diesen Ort, in dir, da, wo alles gut ist. Egal, was ist ... Fühlst du ihn?" Und ich fühlte ihn und legte symbolisch meine Hand auf die Stelle meines Körpers, mit der ich diesen Ort in mir verband. Es fühlte sich so greifbar an ...

Wir haben immer Zugang zu diesem Ort (dem Raum unserer Liebe & des Lichts) und können aus ihm handeln, fühlen, denken und leben ... Egal, was in unserem Leben gerade passiert. An diesem Ort sind wir in unserem wahren Zuhause.
Dabei unterstützen uns die verschiedenen Portale, wie sie in diesem Buch beschrieben werden, mit ihren reinen Schwingungen und ihren hohen weiblichen Frequenzen.
Welches Portal spricht dich am meisten an? Wo springt der Funke über?
Welche Energie zündet dein Feuerwerk am besten an?

In unserer Gesellschaft ist das Patriarchat noch tief verankert. Doch in dieser neuen Zeit sind auch sehr viele Helfer da, um die Weiblichkeit in ihrer Stärke zu würdigen. Wir alle kommen doch aus einem dunklen, heiligen Ort des Weiblichen (aus dem Schoß des Weiblichen) in unser Leben hinein ...

Mit den Energien der heutigen Zeit ist es immer mehr möglich, die matriarchalischen Strukturen wieder zu etablieren und sie im Innen und im Außen mit den patriarchalischen zu vereinen, um so in eine Heilung der männlichen und weiblichen Pole zu kommen, in ihr Miteinander. Matriarchat und Patriarchat zusammen, so gesehen aus beiden das Beste. ☺ Eine neue Blüte entsteht, und die uralten kristallinen Strukturen des Universums können sich in einer neuen Form in unser kollektives Feld einweben ...

Unser Erweckungsprozess kann mit viel Leichtigkeit vonstattengehen. Wir müssen heute nicht mehr alles durchleben. Und nicht alles muss durchlebt werden, sondern durch die bewusste Verbindung mit höherstehenden Energien bringen wir uns insgesamt auf eine höhere Schwingungsebene – und Altes kann gehen.

Ich stütze mich im Buch auf die Lehre von der Wiedergeburt und glaube an frühere Leben. (Wie ihr bestimmt schon bemerkt habt ... Mehr dazu steht im Glossar.) Daneben begreife ich das Karma zwar als Prinzip von Ursache und Wirkung, aber nicht eins zu eins verstanden. Wenn wir Karma daher als das Spiegelbild unseres Lebens betrachten, sehen wir: Es gibt keine Fehler, keine Schuld und auch keinen Zufall. Nichts geschieht zufällig. Alles im Universum steht in Verbindung und in Resonanz zueinander. Und es geht immer in Richtung einer Entwicklung auf einer weiteren, höher schwingenden Ebene ... hin zur kollektiven Erlösung. Hinter dem Spiegel des Karmas liegt das wahre Sein.

Von diesem Standpunkt aus betrachtet sehen wir Probleme nicht mehr als solche, sondern als "Schlüssel", um unsere Themen (weiter) zu bearbeiten. So können wir auch Frieden mit unserer Geschichte schließen. Die Verantwortung für unsere Seelenentscheidungen übernehmen. Mehr noch: Die größten Schmerzen und

Traumata oder auch das Überwinden schwerer Krankheit, die ein Gesundungsweg sein kann, sind erlöst und überwunden. Sie können sich wandeln zum größten Glück und zur reinsten Liebe. Jeder Schock und jedes Trauma (auch oder gerade die frühkindlichen) können so gesehen auch eine Initiation sein & weiten & heilen. Wenn man sie mit Abstand betrachten kann – wie in einem Film – und sie sich auflösen in einem hohen Bewusstseinsgrad, in dem die Wirklichkeit hinter der Wirklichkeit erscheinen kann ...

Dieser Weg geht immer weiter.

Die innere Sonne – sie strahlt immer.

Du hast die Macht, deine Haltung zu ändern ... in jedem Moment, um in deine beste Version zu gelangen und in deinen wertfreien Raum.
Das Gehirn, es kennt keine Zeit.

Vollkommene Heilung ist möglich, denn ein jeder von uns ist vollkommen in seiner wahren Essenz, in seinem ureigensten Wesen. Wobei mit Vollkommenheit nicht Perfektion gemeint ist, mit der sie oft gleichgesetzt wird. In der Dualität hat alles seine Berechtigung, alle Schwächen und Fehler und dunklen Seiten. Sie dienen alle unserer Weiterentwicklung und der Entfaltung unseres Potenzials.

Sehen wir unseren Alltag immer mehr als eine spirituelle Übung, indem wir unsere Wahrnehmung und unser Handeln immer bewusster gestalten und miteinander verbinden. Durch Aufmerksamkeit und Achtsamkeit auf etwas verbinden wir uns. Singen wir beispielsweise Mantras beim Abwaschen oder Ähnlichem.

Entwickeln und stärken wir unsere Heilungsenergie und bergen wir unsere wahre Lebenskraft. Kommen wir mehr und mehr in unserer Mitte an.

Webt eure verschiedenen Heil- und Inspirationsquellen wie einzelne Mosaiksteine in euer Leben hinein ...
Was sind eure Inspirations- und Kraftquellen?
Was euer Lebenselixier? Eure Wundertüte, eure Schatztruhe?
Wie kommuniziert das Universum, das Leben mit euch?
Was möchte es euch mitteilen? Oft ist es der erste Impuls ...
Heilung lauert überall. ☺ *Jede Bewegung ist "Yoga", sozusagen.*
Was verschenkst du heute? Ein Lächeln, eine Umarmung, ein Lob oder ...?

Anrufung für die Initiation mit dem höheren Selbst

Unser höheres Selbst ist die in uns wohnende Göttlichkeit – unser universelles Sein, mit dem wir mit allem, was ist, mit dem Ursprung allen Seins, verbunden sind. Dein höheres Selbst ist der universelle, göttliche Teil deiner Seele und deines Geistes, der direkt mit der Quelle – mit Gott/Vater/Mutter, mit der Schöpfung – verbunden ist. Es umhüllt dich, von innen und von außen.

So bist du, je stärker deine Verbindung zu deinem höheren Selbst wird, zum einen gut mit der geistigen Welt verbunden und zum anderen auch stärker mit Mutter Erde. Du bist dein höheres Selbst – es ist dein göttliches Sein, das dein Leben aus einer höheren Ebene wahrnehmen und die Zusammenhänge in deinem Leben erkennen und zuordnen kann. So kann es dich führen und leiten – deine wundersamen Begegnungen und Ereignisse –, denn es geht Hand in Hand mit deinem Seelenplan ... Es zeigt dir deine Themen auf (mit deinen Seelenaufgaben ...). Du bist immer mit ihm verbunden, es geht gar nicht anders.

Durch die folgende Initiation stärkst du die Verbindung zu deinem höheren Selbst und sie kann dir immer bewusster werden. Du kannst sie vielleicht auch besser spüren und wahrnehmen und die Zusammenhänge in deinem Leben, nach und nach, bewusster erkennen.

Die goldene Flamme Salomo, die eingebettet ist in das goldene Licht der höchsten Quelle (das Christuslicht), unterstützt die Initiation mit deinem höheren Selbst. Wir können alle unseren Kontakt zu unserem göttlichen, universellen Teil, zu unserem höheren Selbst stärken und spüren. Je weiter wir in unserer persönlichen und spirituellen Entwicklung kommen, desto stärker wird diese Verbindung und desto mehr spüren wir sie.

In deinem höheren Selbst liegen deine kollektive Verbindung und deine kosmische Anbindung. Mit deinem höheren Selbst bist du zudem mit der Akasha-Chronik, dem Buch des allumfassenden Wissens, verbunden. (Im höheren Selbst gibt es keine Zeit und keinen Raum.) Über unser höheres Selbst sind wir mit dem Göttlichen verbunden, mit der Einheit – und dennoch klar erkennbar wir selbst. Unser höheres Selbst symbolisiert unser göttliches Seelenlicht, das immer mehr scheint, je stärker wir die Verbindung mit ihm leben ...

○ℛ Für deine Verbindung mit dem Licht der Quelle

Komme bei dir an. Sammle dich und nimm dein Inneres wahr. Atme tief ein und aus. Lege deine Hände auf dein Herz. Sprich innerlich oder laut:

»Danke, goldene Flamme Salomo. Ich bin ein reiner Kanal für das goldene Licht der Quelle und verbinde mich mit dem Quellenlicht. In meinem Herzen scheint mein goldenes Feuer, mein Flammenlicht. Ich verbinde mich mit der Schöpfung.

Ich bitte die goldene Flamme Salomo in meine Gedanken und meine Gefühlswelten zu scheinen und sie mehr miteinander zu verbinden. In meinem Herzen strahlt das goldene Licht, mein Ursprungslicht der reinen Liebe in mir.

Mit dem goldenen Licht in meinem Herzen gehe ich immer weiter durch das unendliche Portal in die göttliche Schwingung hin zur Quelle und öffne mich für mein göttliches Licht, für mein höheres Selbst.

Danke. Danke. Danke.
So sei es.«

Atme tief ein und aus.

❧ Initiation mit deinem höheren Selbst

Halte weiter deine Hände auf dein Herz, verbinde dich mit deiner Seele und fühle die goldene Flamme Salomo und dein Ursprungs-licht. Atme tief ein und aus und sprich laut oder leise, je nachdem wie es sich für dich stimmiger anfühlt:

»Mein göttliches Licht leuchtet (funkensprühend in mir).
Die goldene Flamme Salomo scheint in mir und um mich herum und unterstützt mich bei der Initiation mit meinem höheren Selbst.

Ich verbinde mich mit meinem reinen göttlichen Teil – die Verbindung wird durch das goldene Licht der Quelle initiiert – in allen Zeiten und Räumen – auf allen Ebenen meines Seins.

Die Wahrnehmung meines höheren Selbst, des göttlichen Teils in mir, ist gestärkt durch das Quellenlicht der reinen Liebe und das wahre Sein der Schöpfung.

Im Jetzt.
So sei es.
Zum Wohle aller.
Danke.«

Atme tief ein und aus.
Im göttlichen Sein ist alles heil & rein.

Anrufung für die Verbindung des Weiblichen und Männlichen

Die goldene Flamme Salomo vereint die weibliche und die männliche Kraft in sich. Je mehr du mit ihr arbeitest und dich verbindest, desto mehr gleichst du also schon von alleine deine männliche und weibliche Seite aus.

Wie viele tolle Frauen und Männer gibt und gab es?

Wie viel können wir uns gegenseitig schenken und voneinander lernen?

Nimm deine weiblichen und deine männlichen inneren Anteile an, deine Anima & deinen Animus.
Beide Seiten unterstützen sich, bedingen sich und gleichen sich aus.
Heilt deine weibliche Seite, so kann auch deine männliche Seite anfangen, sich auszugleichen und zu heilen. Und umgekehrt.
(Du bist voll und ganz.)

◎ *Für die Harmonisierung deiner Pole*

Lege deine eine Hand auf dein Herz und die andere Hand auf deinen Hinterkopf und verbinde dich mit deinem Körper. Spüre in dein Gehirn hinein und öffne dich deinem höheren Selbst. Atme tief ein und aus und sprich laut oder innerlich:

»Ich verbinde mich mit der Schöpfung.

Goldene Flamme Salomos – ich öffne mich für deine heilsame Schwingung.

Sie stärkt mein Licht im Herzen und hebt meine Schwingung an.

Ich ruhe in meiner Mitte.

Die goldene Flamme Salomo verbindet meine weibliche und meine männliche Seite. Von rechts nach links. Von unten nach oben. Meine weibliche Seite unterstützt meine männliche Seite, und meine männliche Seite unterstützt meine weibliche Seite. Ich würdige meine beiden Seiten.

In mir kommen meine weiblichen und meine männlichen Anteile immer stärker in eine Balance – mit der Feuerkraft von Salomo, die direkt aus der Quelle kommt, die gleichermaßen weiblich und männlich ist – androgyn – wie auch Salomo selbst. Wärme und Energie der Zentralsonne durchströmen mich und harmonisieren meine Pole.

Im Jetzt.

So sei es. Danke.«

Atme tief ein und aus.

Übung: Ausgleich beider Gehirnhälften

Lege dich auf deinen Rücken oder setze dich entspannt mit aufrechtem Rücken hin. Öffne dich für dein höheres Selbst und verbinde dich mit ihm. Atme tief ein und aus, lege deinen Kopf in deine Hände und halte bewusst deinen Kopf. Entspannt ruht dein Kopf in deinen Händen.

Die goldene Flamme Salomo ist für diese Anrufung mit einem grünen Licht verbunden. Atme tief ein und aus.

Sage:

»Gold-grünes Licht von Salomo: Ich stelle dich an. Scheine bitte in meinem Herzen und in meinen Händen. Ich umschließe meine beiden Gehirnhälften mit meinen Händen und lasse das heilende gold-grüne Licht (oder falls eine andere Farbe sich im Moment stimmiger für mich anfühlt) in meine beiden Gehirnhälften fließen und bitte darum, dass sich meine beiden Gehirnhälften ausgleichen. Mit der reinen Liebe und dem Licht.

Meine linke Gehirnhälfte unterstützt meine rechte Gehirnhälfte, und meine rechte Gehirnhälfte unterstützt meine linke Gehirnhälfte. Das gold-grüne Licht fließt in das limbische System in meinem Gehirn und gleicht meine Emotionen aus.«

Im Jetzt.
Danke.«

Atme tief ein und aus.

»Solange es sich für mich gut und stimmig anfühlt, lasse ich ein ausgleichendes Licht in mein Gehirn hineinfließen. Mein Gehirn liegt auch in meinem Herzen. Diese Verbindung wird nun gestärkt. Mein Gehirn gleicht sich mit dem goldenen Licht des Ursprungs aus.

Danke. Danke. Danke.
So sei es.«

Atme tief ein und aus.

∞ Für unsere mentale (und auch männliche) Seite

Sage:

»Die goldene Flamme Salomo aus der Quelle, die androgyn ist, fließt in meine mentale Seite. Meine männliche Seite stärkt sich und harmonisiert sich in mir – mit dem goldenen Quellenlicht.

Meine mentale Kraft stärkt sich.

Ich bin klar und fokussiert und nehme meine männlichen Essenzen und Fähigkeiten an. Ich bin voll und ganz bei mir. Eine Klarheit und Einfachheit ist da.

Im Jetzt.
Danke, goldene Flamme Salomo.«

Atme tief ein und aus.

Denke mit deinem Herzen ... Das Gehirn, es lebt auch im Herzen. Und fühle mit deinem Gehirn. Deine Emotionen im Herzen haben einen direkten Einfluss auf dein Gehirn, in dem auch deine Emotionen zu Hause sind. Denken und Fühlen ... wir können es immer mehr vereinen, in der heilenden Vereinigung von Geist und Herz leben, ja, darum geht es. Um in die freie mentale Kraft zu gehen.

Mein Weg ...

Die goldene Flamme Salomo – sie erstrahlt in mein Bewusstsein hinein – immer mehr. Wie schön es ist zu sehen.

Einmal nach einem schamanischen Heilabend beschloss ich, meine Augen nicht mehr zuzumachen, sondern zu schauen.
Ich will sehen, sagte ich mir.
Und was sah ich?
Auch im Schrecklichen eine Schönheit.

Bei meiner Schauspielausbildung lernte ich einst, dass, wenn ich spielen soll, in jemanden verliebt zu sein, ich mir irgendetwas aus dem Gesicht des anderen herausnehme, was ich mag. Ich mich sozusagen in ein Detail verliebe. Hat denn nicht ein jeder irgendetwas in seinem Gesicht, mit dem er sich der Welt präsentiert, das liebenswert ist?

Es ist so schön, sich auf das zu konzentrieren und das zu sehen, was man im anderen mag. Und kann es sein, dass man vielleicht auch erst dann, wenn man die Schönheit im anderen erblickt, die eigene erkennen kann?
Oder auch umgekehrt?
Sagte Jesus nicht einst zu einem seiner Jünger: "Wenn du doch nur das sehen könntest, was ich in dir sehe ..." Und braucht nicht jeder genau so einen Freund, der das Besondere in einem sieht? Und kann nicht auch jeder dieser eine Freund für sich selbst sein?

Wie schön.

Gedanken/»runter vom Kreuz«

Die Göttlichkeit kommt in der heutigen Zeit in einem neuen Maße auf die Erde und schließt auch den Kreis zu der Zeit, in der Jesus lebte. Für ihn war die Gleichberechtigung der Frauen eine Selbstverständlichkeit, was für seine Zeit erstaunlich war. Er war eben ein Rebell.

Zusammen mit Maria Magdalena brachte er die reine Liebe auf die Erde. Das vereinigte Quellenlicht (Christuslicht), in dem das weibliche und das männliche Licht vereint sind. Wie zwei Seiten einer Medaille, die sich bedingen und ergänzen: das pulsierende Herz des Weiblichen und des Männlichen.

Der Atem der Quelle.

Fragen wir uns, was uns alte Geschichten, auch die aus der Bibel, heute sagen können. Zum Beispiel die Geschichte von dem Vater, der bereit war, seinen Sohn zu opfern.

Fragen wir weiter, was passiert, wenn man bereit ist, das Liebste, was man hat, herzugeben? Und warum erlaubt man sich oft nicht das, was man sich am allermeisten ersehnt?

Geht es vielleicht darum, vollkommen loszulassen, im Frieden und im Vertrauen zu sein, anstatt es "haben zu wollen"?
Alles einfach? Und immer loslassen?
In jedem Augenblick?

So dass das Jetzt, die Präsenz sich immer mehr ausdehnen kann.
Und auch sich selbst und das Leben an sich – loslassen?

Wir können so den göttlichen Funken ins Leben ziehen.
Geht es darum zu sterben, um zu leben?
Um den Ego-Tod?
Darum, sich vollkommen hinzugeben? Ganz. So dass das kleine
Ich stirbt und das große Ich, das wahre Selbst, geboren wird.
So dass mein Wille = dein Wille sein kann.
(In der Vereinigung des Göttlichen.)

Niemand lebt doch "zufällig" das Leben, das er lebt. Je mehr du
aus der Tiefe deines Herzens lebst, desto mehr kannst du aus
deiner Bewusstheit und deiner Verbindung zu allem leben. So
wirst du immer freier in dir und in deinen Entscheidungen. So
wird dein eigener Wille in dir dem göttlichen Willen, der in
deiner Tiefe als der Samen für dein Leben liegt, immer ähnlicher.
Da er aus der wahren Essenz deines Seins kommt.
Und du dich immer mehr aus deinen "übergestülpten Beschrän-
kungen" lösen kannst.

"Liebe deinen Willen.
In deinem wahren Willen liegt eine magische Kraft. Diese Kraft
ist in dir und kommt immer stärker hervor, je stärker du zu dir
und deinem wahren Sein stehst und dich dir selbst hingibst, in
einer sich verpflichtenden Art und Weise."

Wollen wir uns nicht vollständig von dem uns eingeredeten, kollektiven Opferbewusstsein, den Gedanken der Schuld, die uns
von der Kirche über Jahrtausende eingeredet wurden, lösen?

Können wir das Kreuzsymbol anders deuten?

Steht ein Mensch mit ausgebreiteten Armen da - bildet er ein Kreuz: Es symbolisiert die vollkommene Hingabe an das Leben, an den Moment - und auch an den Tod. Es ist die Annahme, mit dem Empfangen und dem Loslassen, und die Verbindung des Männlichen und Weiblichen. Die Verbindung der Alleinheit. Frieden ist. Und Freiheit.

Wir können "runter vom Kreuz" gehen.

(Entlassen wir die Welt von unseren Schultern und sehen wir, dass wir getragen werden.)

Neuntes Portal

Liebe – Magie der Weiblichkeit – Maria-Magdalena-Energie

Gedanken/Liebe

Ich beschwöre euch,
ihr Töchter Jerusalems,
bei den Gazellen oder den Hirschen
auf dem Felde, weckt die Liebe nicht auf,
bis es ihr selber gefällt.

Die Stimme meines Geliebten, er ist's, der kommt,
springt über die Berge,
hüpft über die Höhen.
Mein Lieber gleicht einer Gazelle oder einem Hirsch!

Mein Liebster sang mir zu und rief mich: Steh auf,
meine Liebe,
du, meine Schöne, komm her.

Das Hohelied Salomos. Neuübersetzung von Sulamith

Sehnt sich nicht jeder Mensch danach, zu lieben und geliebt zu werden?

Es ist unser aller Weg, der zur Liebe führt.
Der Raum der Liebe ist ein heiliger Raum, der mit Worten nicht zu beschreiben ist.

Geistig gesehen ist Liebe in ihrer reinsten Form nicht personenbezogen, nicht objektbezogen. Öffnen wir aber unser Herz für einen Menschen, ein Tier oder die Natur ... so kann es uns helfen, eine Ahnung von der reinen Liebe zu bekommen. Wir können immer mehr Menschen in diese Liebe mit einschließen und so der allumfassenden Liebe Stück für Stück näher kommen. Echte Nähe und Intimität, wie auch die heilige Sexualität, können so hilfreich sein, um die göttliche Liebe zu erfahren.

Liebe ist.

Sie ist ein Streicheln, ein Atmen, ein Danke, eine Kinderhand, die nach einem greift, ein Kuss, ein See, das graue Haar, der volle Op-Saal, die Bescheidenheit, ein Lied, ein Ruf, ein Abschied, ein Gesicht ...

Nur mit Liebe können wir wirklich leben und anderen Menschen Liebe und Empathie geben. Wahre Liebe kommt aus dem Herzen und sie können wir umso mehr geben, je mehr wir uns selbst lieben. Alles fängt mit der Selbstliebe an, die in ihrer reinsten Form identisch ist mit der göttlichen Liebe.

Liebe lässt uns ekstatisch sein und Dinge tun, von denen wir nie träumten, sie zu tun. Lässt uns Schmerzen aushalten und das unmöglich Erscheinende leben. Liebe verwandelt. Lässt uns im

Bösen die Liebe sehen, die dahinter ist (da sie untrennbar ist). Sie vibriert, lässt uns strahlen und die Welt umarmen.

Sie ist unser innerer Motor. Das Wunder in uns. In jedem Moment.

Liebe lässt uns Schönheit sehen.

Berührende Momente und Abenteuer erleben.

Lässt uns Chaos genießen.

Liebe zeigt sich in den kleinen Dingen.

Lässt uns bescheiden sein.

Und wie Phönix auferstehen.

Liebe ist in einem Katzenschnurren.

Augenblick, so scheine durch mich durch ... Erlebe mich und brenne.

Augenblick, ich schau dir ins Gesicht und fühle dich.

Augenblick – ich liebe dich.

Reine Liebe ist die stärkste Kraft. Die Schöpfungskraft. Der Ursprung im Sein. Reine Liebe ist das, was bleibt und was letztendlich das einzig Existente ist. Liebe ist.

Anrufung für die Liebe

Goldene Flamme Salomo - sei bitte da - für die Liebe. Dem Hohelied von Salomo zum Gedenken ... Die goldene Flamme symbolisiert mit ihrer goldenen Farbe die Fülle und den Reichtum der Liebe, die reine Verbindung zur Einheit. So rein das Herz einer Liebenden, eines Liebenden ...

Sich in seiner Tiefe für die Liebe zu entscheiden, ist eine Herzensentscheidung – entscheide dich bewusst für die Liebe, wenn du magst ... für die Liebe, für Freude, Fülle und deine Begeisterung ... für die Liebe in deinem Leben. Und lass dein Licht leuchten.

Wo wohnt die Liebe in dir?

Lege deine Hände bewusst auf dein Herz und verbinde dich mit deinem Inneren. Öffne dich für dein höheres Selbst, nimm es wahr und verbinde dich bewusst mit diesem reinen Teil von dir. Fühle in dich hinein und lausche dir. Atme tief ein und aus und sprich laut oder innerlich:

»Goldene Flamme Salomo, brenne mit deiner Feuerkraft alles nieder, was sich der Liebe in mir entgegenstellt, und entzünde mein liebendes Herz, das Urlicht in meinem inneren Herzensraum, immer mehr.

Wie innen - so außen, wie außen - so innen ... verbindet sich das Licht. Wie zwei Hände, die sich zusammenfalten, lebt die Liebe in mir. Ich öffne mich für die Liebe, nehme sie vollkommen an und lebe sie. Und ich lasse alles, was ich liebe, los. Gebe es in den ewigen Kreislauf von Nehmen und Geben hinein.

Ich verbinde mich mit meinem höheren Selbst, mit dem Teil meiner reinen (göttlichen) Liebe. Heiles, helles Licht, das du bist, strahle von oben als ein Lichtstrahl durch meinen Kopf in mein körperliches, in mein seelisches und in mein geistiges Herz, so dass es sich im Hier und Jetzt zu einem strahlenden, zu meinem goldenen Herzen vereint. Ich entscheide mich mit meinem Herzen für die Liebe.

In die Situation, Umstände oder Verstrickungen mit anderen Menschen lasse ich die goldene Flamme der Liebe hineinströmen, so dass eine Neuordnung geschehen kann ... Annehmen, Loslassen, Freiheit und Liebe - sie leuchten aus demselben Ort.
Ich entdecke den Sitz meiner wahren Liebe in mir immer mehr.

Goldene Flamme Salomo, breite deine Flügel aus für die Liebe - im Innen und im Außen - und scheine in meine Liebe sowie in den Raum meiner Geduld.

Ja, ich nehme die Liebe, die in mir wohnt, an. Nehme die Liebe, die um mich herum ist, an. Ich sehe mit den Augen der Liebe. In den anderen Menschen in meinem Leben sehe ich die Liebe. Ich sehe die Liebe, die hinter allem steht. Liebe ist immer da.
Mein Licht und meine Liebe - sie scheinen in mir.

Ich nehme meine Liebesfähigkeit an. Ich liebe mich, ich liebe und ich werde geliebt.
Das Leben liebt mich, in jedem einzelnen Moment. Ich fühle mich geliebt und gehe immer tiefer in den Raum meiner kosmischen Liebe - mit meinem Ursprungslicht.

Ich gebe mich meinem Leben immer mehr hin – in Liebe. Lebe Hingabe ans Leben.
Jetzt und hier.

Danke.
So sei es.
Zum Wohle aller.

Ich atme Liebe ein und ich atme Liebe aus.«

Bewege dich leicht, strecke dich, gähne, spüre deinen Körper und die Unterlage, auf der du dich befindest. Nimm deine Umgebung wahr. Lächle dich an und danke dir selbst für die Heilungsarbeit, die du tust. (Die geistige Welt dankt dir auch. Und lacht dich an. ☺)

Wisse, es ist wertvoll. Du bist wertvoll.
Es ist wertvoll für dich und zudem auch ein wertvoller Beitrag für die Allgemeinheit.
Du bist wertvoll und gesegnet.
So so so sehr.

Danke.

Fühle dich umarmt ...

Alle Gefühle sind in der Liebe enthalten, da die Liebe nichts ausschließt. Da Liebe wertungsfrei ist. Fühlen wir Freude, ist Freude da. Fühlen wir Ärger, ist Ärger da ... und beide sind sie gleichwertig und in der reinen Liebe enthalten. In unserem Raum der Liebe

& des Lichts. Kein Gefühl ist besser oder schlechter als das andere. Heißen wir alle Gefühle und Wunden willkommen.

Diese Liebe, die ich fühle, so unbeschreiblich tief in mir fühle. In Demut und Dankbarkeit knie ich vor der Schöpfung wie vor einem Thron. Fühle, wie mir die Liebe über meinen Kopf streichelt. So zart und doch voller Kraft!

Je mehr ich annehme und loslasse – desto mehr Freiheit ist in der Liebe. Alles, was in Liebe zueinandergehört, lasse ich geschehen: in Freiheit. Ich lasse in Liebe los ... und gehe in die reine Liebe.

Mein Weg ...

Offenes Fenster – Sonntagmorgen – mein geliebtes Geräusch des prasselnden Regens ... und das volle, laute Schlagen der Glocken.
Im Kuschelarm mit meinem Liebsten.
Ich drehe mich um und schaue ihn an.
Wie liebe ich ihn.
Ich habe in mir das Gefühl, mein Kopf beugt sich im Geiste in Demut vor dem Leben, vor diesem stillen Moment des Glücks.

Ich fühle einen Frieden und weiß, alles hatte seinen Sinn – so oft gehört und doch steckt so viel Befreiung darin für mich – so viel ... Aber alles hat und hatte seinen Sinn. Entspannung tritt ein. Ich lasse los, höre auf zu kämpfen, lasse mich fallen, immer mehr.
Lasse es sein. So, wie es ist. Es leuchtet. Wie ein Stern.

In diesem Raum ist beides da: vollkommene Entspannung und Zielbewusstsein, da nichts wirklich kontrollierbar ist. Und gleichzeitig existiert der Raum des Erschaffens, des Schöpfergeistes. Dieser Raum leuchtet ... wie ein Stern.

"Entspannung ist der Weg", so sagte Jesus schon.

Sind wir nicht alle auch hier, um wahre Beziehungen zu leben?
Unsere Seelenverbindungen, Dualseelen- und Zwillingsflammen-verbindungen? Die "Lieben", mit denen wir über Jahrtausende hinweg, in unterschiedlichen Konstellationen, zusammen waren? Wo wir uns ohne Worte "zu Hause" fühlen.

Was ist möglich in der Liebe?

Eine tiefe Liebe zu leben, ohne sich selbst zu verlieren, ist wohl die höchste Form der Liebe, die wir hier auf Erden erreichen können.

Die heilige Hochzeit auf Erden – auch "chymische Hochzeit" genannt. Eine gesunde, harmonische Verbindung zwischen dem Weiblichen und dem Männlichen – in seiner höchsten Form. Diese Liebe führt einen zu der allumfassenden Liebe hin. (In der man zwar ein Individuum ist, sich aber vollkommen kollektiv verbunden fühlt und in der bedingungslosen Liebe zu allem lebt.)

Vielleicht ja so eine Liebe, wie die von Jesus und Maria Magdalena?

Maria Magdalena

Sie war es, die von ihm als Erstes erkannt wurde – ja, er hatte sie ge-
sehen.
Sie war es auch, die ihm bedingungslos folgte – so sehr liebte sie ihn.
Auch wusch sie seine Füße mit ihren Tränen und trocknete sie mit
ihrem Haar.
Sie salbte seinen Leib.
Sie war es, der er als Erstes begegnete, als er einst auferstanden war.

So sagte man ...
Maria Magdalena, so nannte man sie.

Wohl keine andere weibliche Gestalt aus der Bibel wurde so
verdreht dargestellt und kleingeschrieben wie die der Maria Magdalena.

Aufgrund der damaligen Machtverhältnisse und der männlichen
Kirchenväter konzentrierte sich alles nur auf die männliche christ-
liche Liebe und den väterlichen Gott. Die göttliche Mutter, die
große Göttin, die weibliche Liebe, die "weibliche Christusliebe"
wurde verdrängt.

Dabei brauchen wir sie so sehr: die weibliche Urliebe – ein jeder
von uns. Wo ist sie?
Wir alle sehnen uns doch so sehr nach ihr.
So dass wir endlich heilen und ganz sein können und in unser
inneres Gleichgewicht kommen.
In Harmonie. In Freiheit und in unsere Macht.

Maria Magdalena ist eine Botin der bedingungslosen Liebe.
Wie auch Maria.
Oder Isis – und weitere Göttinnen.
Wie die grüne Tara.

Mit ihnen wird die weibliche Liebe der großen Göttin symbolisiert. Sie standen und stehen für die weibliche Seite der Göttlichkeit: für die zweite Seite der Medaille der Christusliebe.

Jesus und Maria Magdalena brachten die verbundene Christusliebe (das Weibliche und Männliche) auf die Erde. Die lebbare Liebe in einer Beziehung: die seelische und körperliche Liebe. Ihre Verschmelzung zu einem. Eine Liebe, in der jeder von ihnen auch alleine vollständig und ganz ist, zeigten uns so Maria Magdalena und Jesus.

Die Anerkennung ihrer Liebe kann einen so heilenden Einfluss auf unsere Beziehungen haben. Sie steht für eine gleichberechtigte, keine co-abhängige Beziehung, sondern eine aus der Freiheit geborene Liebe, die bedingungslos ist. Ein großer Schlüssel für die weibliche Energie ist die Maria-Magdalena-Energie.

Maria Magdalenas Liebe ist von einem tiefen Verständnis.
Bedingungslos und wertungsfrei.
Mit geerdeter Kraft und authentischer Sinnlichkeit.

Ihrer Intuition bedingungslos folgend, die aus ihrer Stärke und ihrem tiefen Vertrauen geboren ist.

Maria Magdalena, die so lange als Sünderin denunziert wurde, um sie kleinzuhalten ...

Allein schon deshalb, weil sie als Frau ein sehr großes Wissen hatte.

Vor allem durch den Schmerz um Jesus und ihren eignen, den sie erlebte, ist sie auch den Weg des Leidens, der Verleugnung und der Demütigung gegangen.

Waren vielleicht die Männer wegen ihrer Verbindung zu Jesus eifersüchtig auf sie?

Doch umso stärker ist sie in die bedingungslose Liebe eingetaucht.

Das Geschenk der wahren Liebe lässt alles ertragen, erblassen – ihr kann nichts etwas anhaben.

Maria Magdalena steht als Symbol dafür, hinter die Geschichte zu schauen.

Die eigene Geschichte und die der Welt.

Die Zeit ist vielleicht erst heute wirklich reif für die zweite Seite der Christusliebe, die weibliche göttliche Liebe.

Maria Magdalena ist schon lange dabei, sich ihren Weg zu bahnen, zu uns und zu unseren Herzen.

Wie viele Jahre denken wir in einer neuen Art und Weise an sie?

Und erfahren sie neu?

⤚ Praktische Übung für die Anbindung an die Maria-Magdalena-Energie:

Mit der Schwingungsenergie der Maria Magdalena, die in einem rubinroten und einem bronzefarbenen Licht scheint, stärken und heilen wir unsere urweiblichen Seiten.

Lege deine beiden Hände auf deinen Körper, verbinde dich mit dir und deinem höheren Selbst.
Atme tief ein und aus und sprich leise oder laut:

»Goldene Flamme Salomo, ich bitte dich, mich mit der reinen Liebesenergie von Maria Magdalena zu verbinden und ihre Energie anzustellen.
Danke, dass die Maria-Magdalena-Energie in ihrem rubinroten Licht in mein Herz, in die Tiefe und Weite meines heiligen Herzensinnenraums strömt.

Die Maria-Magdalena-Energie fließt in meinen Körper, in meine Seele und in meinen Geist – auf allen Ebenen meines Seins.
Tief in mir wird nun der Samen für die weibliche Energie (Christusenergie) neu gelegt. Und dieser Samen entfaltet sich wie eine Blume in mir.

Das weiblich Göttliche erwacht in mir zum Leben.
Meine weiblichen Urinstinkte und meine Verbindung zu Mutter Erde und zur weiblichen Urkraft stärken sich auf eine neue Art und Weise.

Meine Visionen, die ich in mir trage, erwachen mit dem rubinroten Licht zu neuer Stärke. Das rubinrote Licht stärkt meine Fähigkeit, zu lieben und mich lieben zu lassen. Es stärkt meine Überwindungskraft. Meine Hingabe und meine unbeirrbare Stärke. Meine Empathie, meine Sensibilität und meine soziale Ader stärken sich.

Ich vertraue mir und dem Fluss des Lebens – mit der Anbindung an die Maria-Magdalena-Schwingung.

Im Jetzt.
Danke. So sei es.«

Atme tief ein und aus.

℞ *Für eine Heilung mit der Maria-Magdalena-Energie*

Die Maria-Magdalena-Schwingung ist auch für unsere sexuellen Wunden da. Sexuelle Verletzungen, wenn sie in dir sind, erfahren Heilung. Wo immer sie auch herrühren, aus welcher Zeit und aus welchen Leben. Du musst es nicht wissen.

Es ist einfach nur heilsam, wenn du dein Becken mit dem bronzefarbenen Licht durchflutest.

Atme tief ein und aus, atme mit deinem Ausatmen in deinen Unterleib hinein und fülle ihn mit deinem Atem und der Maria-Magdalena-Energie auf, lege deine Hände auf deinen Unterleib und verbinde dich mit dem goldenen Licht in deinem Herzen.

So sprich:

»Alle meine sexuellen Wunden und Verstrickungen, wo immer sie auch herrühren, heilen nun mit dem bronzefarbenen Licht der Maria Magdalena

Sanfte und kraftvolle Heilung geschieht jetzt.

Meine sexuellen Wunden heilen mit der Maria-Magdalena-Energie und harmonisieren sich. Sexuelle Verstrickungen lösen sich mit einer Sanftheit und einer Wärme aus mir heraus. Mit ihrer heilsamen Schwingung.

Mein Unterleib heilt vollkommen mit dem bronzefarbenen Lichtstrahl der Maria Magdalena, weitet sich innerlich, ist frei und voller Liebe und Licht.

Das bronzefarbene Licht der Maria Magdalena reinigt mich und baut meine weibliche Urkraft in meinem Becken auf: Ich vertraue. Ich bin gesegnet, geschützt und sicher. In meinem Becken ruht meine Urkraftquelle. Liebe heilt.

Im Jetzt.
Danke. Danke. Danke.«

Atme tief ein und aus.

↺ Für deine Beziehungen

Lege deine Hände auf dein Herz und atme tief ein und aus.
Sage:

»Meine Liebesfähigkeit, meine Fähigkeit zu lieben und mich lieben zu lassen, heilt mit dem bronzefarbenen Heilstrahl der Maria Magdalena. Das Maria-Magdalena-Licht strömt in meine Beziehungsfähigkeit und harmonisiert und transformiert sie.

Trotz eventueller Ängste oder anderer belastender Emotionen bin ich bereit, meine wahren Beziehungen zu leben und alle Beziehungen, die nicht fördernd und stimmig für die Beteiligten sind, gehen zu lassen.

Meine Beziehungen werden von dem Maria-Magdalena-Licht durchströmt. Ich bin bereit, meine echten Beziehungen zu leben. Meine Berufung zu leben und meiner Intuition zu folgen.

Mehr und mehr komme ich mit ihrer Schwingung in meinem Raum der bedingungslosen Liebe an. In meine Essenz der Liebe.

Im Jetzt.
Danke. Danke. Danke.
So sei es.«

Atme tief ein und aus.

Das Maria-Magdalena-Licht lehrt uns die Stärke in der Sanftheit.

Die Kraft der Liebe.

Zu lieben macht einen stark.

Und das ist das Geschenk der Maria Magdalena.

Es geht darum, für andere einzustehen.
Trotz Ängsten weitergehen.
Treu zu sich und seinen Werten zu stehen.
Der wahren Berufung und Intuition zu folgen.
Unsere Integrität und Loyalität zu leben.

Vertraue und nimm deine Liebe, die in dir wohnt, an.

Die Maria-Magdalena-Energie öffnet das Tor zum tieferen Sehen und zum Verzeihen.

Verzeihen

Verzeihen befreit dich.

Verzeihen kann manchmal auch sehr wehtun.
Gerade, wenn schreckliche Dinge passiert sind, ist es oft sehr schwer. Doch wisse, solange du nicht verzeihen kannst, gibst du immer noch einen Teil deiner Macht ab. Dem, dem du Schuld gibst, gibst du auch Macht. Vergessen musst du nicht. Tue es (auch) für dich, dein Verzeihen. Finde deinen Weg des Verzeihens, der immer intim und individuell ist.

Verzeihen bedeutet, ohne Schuld zu leben. Ohne Schuldgefühle, auch ohne übernommene Schuldgefühle und ohne gegenseitige Schuldzuweisungen.

Lege deine Hände auf dein Herz und nimm Kontakt zu deinem Herzen auf. Gehe mit deiner Aufmerksamkeit in dein inneres Herz. Atme tief ein und aus und verbinde dich mit deinem Körper. Öffne dich für dein höheres Selbst. Fühle, wie dein Herz schlägt und sprich innerlich oder laut:

»Goldene Flamme Salomo, scheine bitte tief in mein Herz und verbrenne mit deinem Feuer all das, was mir noch im Weg steht, so dass ich verzeihen kann. Verbinde mich mit meinem höheren Selbst, so dass ich mehr und mehr verzeihen kann, aus dem wertfreien, bedingungslosen, liebenden Raum.

Ich bin ein reiner Kanal für die goldene Flamme Salomo und ich lasse die Flamme fließen, bis sich der innere Raum meines Verzeihens öffnet. In dem die Liebe wohnt und in dem ich verzeihen kann – mehr und mehr ... Der Raum, wo alles in Frieden miteinander verbunden ist.

Dieses Tor öffnet sich mit der Maria-Magdalena-Energie, die in mir ist.

Danke. Danke. Danke.
Im Jetzt.«

Atme tief ein und aus.

Lasse die Energie so lange fließen, wie es sich gut und stimmig anfühlt.

Wir können uns sagen, ohne an eine bestimmte Situation oder an einen bestimmten Menschen zu denken:
Ich verzeihe.
Und ich verzeihe mir.
Ich bitte um Verzeihung.

So sage:

»Ich bitte dich, goldene Flamme Salomo, mich mit meinem höheren Selbst und dem Ursprungslicht in meinem Herzen zu verbinden und in meinen Raum der bedingungslosen Liebe zu strahlen. Die heilsamen Schwingungen strömen in meine (eventuell vorhandenen) Schuldgefühle und in die (eventuell vorhandenen) Schuldgefühle, die ich anderen gebe, um sie (in mir) immer mehr aufzulösen.

In mir spüre ich eine neue Kraft, Wärme und Leichtigkeit in meinem Raum des Lichts.
Ich liebe meinen Ort des Verzeihens.

Mein Verzeihen heilt meine tiefsten Schmerzen ... immer mehr ...
Ich bin frei und die anderen sind frei.

Ich verzeihe mir alle Wunden meiner Weiblichkeit, alle Opfer- sowie alle Täterrollen meiner Weiblichkeit, ob sie bewusst oder unbewusst geschehen sind.
Mein Licht strahlt.

Danke.

Ich bin frei – du bist frei.

Zum Wohle aller.«

Auf der metaphysischen Ebene ist der Raum, in dem sich das Verzeihen aufhebt. In der reinen Liebe ist der Raum, der hinter dem Verzeihen. Wo es nichts zu verzeihen gibt. Verzeihen ist dort schon geschehen. Immer! Im göttlichen Sein ist alles gut.

Es gibt keine Schuld! Nur Ursache und Wirkung und Seelenabsprachen. Oft sind gerade die Menschen, mit denen wir am stärksten verstrickt sind, auf einer übergeordneten Ebene unsere innigsten Verbündeten, um uns dabei zu helfen, in diesem Leben unsere Muster zu erlösen.

Wo alles gut ist, genau so, wie es ist – ist der Ort hinter dem Verzeihen. In der Freiheit und Leichtigkeit des Seins.

Mein Weg ...

In Assisi fing er an – mein Weg der Liebe zu dir.
Ja, beim alten Franziskaner, als ich die romanischen Treppen hinaufschritt ... Die monumentalen Gemäuer hinauf, wo jeder einzelne Stein mir eine Geschichte zu erzählen versuchte.
Alain stand unten und wartete.

So cool angelehnt an die weiße Treppe, von der die Farbe abblätterte, wie der Cowboy aus Brokeback Mountain mit seinen so eigenen, sehnsuchtsvollen, tiefblauen Augen. Ja, wie nur er zu schauen vermag, stand er da und wartete.
Lieben heißt manchmal auch zu warten?
Zurück bei ihm fiel ich ihm in die Arme – er wirbelte mich umher – wir glucksten und jubelten wie zwei kleine Kinder.
Ja, Liebe macht so ... hmm, ich weiß es nicht ...

Er fragte: "Erinnerst du dich noch an unser Gespräch gestern?"
"Ja", sagte ich.
Der alte Grieche Christos hatte ihn gefragt, welches Tier er gerne wäre, wenn er als ein Tier wiedergeboren würde. Und während Alain sagte: "Ich wäre gerne ein Vogel", strahlte er mich an und legte mir einen kleinen Steinvogel mit bunten Federn in meine Hand. Wärme durchströmte mich wie einzelne kleine, zuckende Lichtfunken in mir drinnen.

Ja – ich habe einen Spatz in der Hand und der trägt deinen Namen. Ich öffne sie und lasse ihn fliegen.

Selbstliebe

Alles fängt mit der Selbstliebe an. Die letztendlich die Liebe zum Göttlichen, zum Ursprung ist.

Kuschel dich in deine Selbstliebe hinein – wie in eine Decke.

Es ist unser Geburtsrecht, uns selbst zu lieben und uns an die erste Stelle in unserem Leben zu setzen, um für uns zu sorgen und uns zu nähren – um aus der Fülle heraus zu geben, Mitgefühl zu leben und zu lieben.

Aus einem reinen Herzen. Frei von Erwartungen geben. Es geht um den Akt des Gebens an sich. Wir ernten unseren Samen.

Der Raum in euren Herzen, der sich immer mehr öffnen kann, wenn du das möchtest und die Absicht legst – in ihm lebt Magie. Lebe mit deiner Verbindung zu deinem Licht in deinem Herzen. Du bist die Flamme, das Licht.

Es ist immer da und erlischt niemals.
So sehr umsorgt bist du und so sehr geliebt.
Nie – nicht eine winzige Sekunde – bist du getrennt – von der Quelle – von dem Ursprung – von Gott und der großen Göttin.

It's time to go home and see the light.

Liebeskummer/Dualseelenprozess

Liebeskummer: Er kann sich so schwer anfühlen und so schmerzen. Wenn du unter Liebeskummer oder Trennungsschmerz leidest, rufe die goldene Flamme Salomo zu Hilfe, wenn du magst.

Komme bei dir an, zentriere dich mit deinem Atem, versuche, deine innere Mitte zu spüren. Gehe tief in deinen Bauch, wo dein Hara ist und verbinde dich mit der Lebenskraft deines Hara-Zentrums (ca. 2 Fingerbreit unter deinem Bauchnabel). Du bist stark.

Du darfst auch schwach sein. Eine Trennung tut zumeist sehr weh. Nimm deinen Trennungsschmerz an und erlaube dir, ihn zu fühlen. (Oft steht hinter dem Schmerz auch die Trennung von der Quelle.)
Erhole dich und sorge gut für dich.

Sage:

»Meinen Trennungsschmerz und meinen Liebeskummer nehme ich an und fühle sie – mit der Schwingung von der goldenen Flamme Salomo.
Ich öffne mich für meine Erfahrungen. Ich nehme sie wahr und nehme sie In mein Inneres hinein. In mir harmonisieren sie sich mit dem göttlichen Licht. Ich atme sie aus mit dem goldenen Licht.

Ich akzeptiere alle meine Liebesbeziehungen, die ich hatte, aus der Tiefe meiner Seele, aus meinem wahren Selbst, und hole damit meine Verletzungen, die in ihnen entstanden sind, zu mir zurück.

Goldenes Licht, durchstrahle die verletzten Teile meiner Seele aus meinen vergangenen Beziehungen. Das, was schön und gut in der Beziehung war, nehme ich an und integriere es in mir.
Dafür bin ich sehr dankbar.

Im Jetzt.«

Atme tief ein und aus.

Deine Liebesbeziehungen waren zu dem jeweiligen Zeitpunkt gut und richtig für dich und sie sind Teil deines Lebens. Nimm all deine vergangenen Beziehungen an und würdige das Positive in ihnen und das, was du in ihnen gelernt hast. Integriere genau das in dir - und lasse los.
In Frieden und Dankbarkeit. Liebe bleibt.
"Ich bin frei - und du bist frei."

∽ Dualseelenprozess

Irgendwie ist es doch immer dasselbe und es sind die gleichen Probleme! Es tat oft so verdammt weh. Und doch konnten wir nicht voneinander lassen. Denn genau das war der Arm, in den ich mich immer hatte kuscheln wollen.

Denkst du dir vielleicht auch manchmal: 'Bitte nicht schon wieder dasselbe Thema!' Vor allem in Liebesbeziehungen dachte ich mir das manches Mal. 'Nein, nicht schon wieder!' Auch wenn eigentlich klar ist, dass der Partner oder die Partnerin in meinem augenblicklichen Leben im Grunde genau der oder die "Richtige" ist. Wir selbst ihn oder sie angezogen haben. Um uns mit unseren Mustern und Wunden zu spiegeln, um sie zu sehen und zu heilen. Damit wir so im besten Falle gemeinsam wachsen.

Doch es kann manchmal eben einfach so verdammt wehtun ...
Je größer die Nähe und Intensität der Beziehung, je offener und verletzbarer wir uns zeigen, desto mehr können die in uns verborgenen alten Schmerzen und Verletzungen an die Oberfläche kommen. Was in dem sogenannten Dualseelenprozess, der auch "heilige Beziehung" genannt wird, seinen Höhepunkt finden kann. Davon hast du vielleicht schon gehört? Heute erleben wir sie immer mehr.

Sparringspartner??

Immer wenn ich in die Liebe ging, ins Herz, fühlte ich wieder die starke Liebe zu ihm und konnte ihm immer alles verzeihen. Ich fühlte mich so sehr mit ihm verbunden, was etwas Unzerstörbares in sich hatte. In einer schamanischen Reise sah ich uns, wie wir uns in gewisser Weise einen Boxkampf lieferten. Den Boxkampf unseres Lebens als Spiel- und Spiegelgefährten?

So fragte ich mich (als ich mich wieder beruhigt hatte ☺), woher kenne ich diese Verletzung?
Woran erinnert sie mich? Wo habe ich diesen Schmerz schon einmal gefühlt? Oft erinnerte es mich an etwas, was ich in der Kindheit erlebt hatte.
Sobald ich es sah und den Schmerz fühlte – ihm einen Raum in mir gab –, tat die neuerliche Verletzung schon nicht mehr so weh und ich konnte mich ihrer Heilung widmen.

So ich fing an, meinem Freund in gewisser Weise auch dankbar zu sein dafür, dass er genau meine Wunde traf. (Auch wenn es sehr wehtat.) Wir triggerten uns gegenseitig und holten so unsere Verletzungen hoch, erlebten sie bewusster und konnten anfangen, sie zu transformieren.

Das sind dann oft die oben schon erwähnten "heiligen Beziehungen", in denen wir uns vorgenommen haben, uns gegenseitig in besonderer Art und Weise ein Spiegel zu sein, um uns weiterzuentwickeln. Und zu vervollkommnen.
Um die Liebe jenseits des Spiegels zu fühlen.

Wenn es eine ausreichende Seelenbindung gibt, hält man oft viele gegenseitige Verletzungen und Schmerzen aus, da das, was dahinter liegt, einfach stärker zu sein scheint. Und wir aus unserem gemeinsamen Raum der Liebe unsere Wunden mehr und mehr heilen können.

Im Dualseelenprozess geht es um Transformation in der Tiefe – in ihm erreicht dieses "Spiegel-Spiel" seinen Höhepunkt und erreicht einen extreme Intensität. Die oft an die Belastungsgrenzen gehen kann – doch im Grunde ein großes Geschenk ist.

Der Dualpartner, er rettet einen nicht ... Nein, immer und immer wieder sticht er in alle deine Wunden ... bis du sie erkennst und sie erlösen kannst und in die bedingungslose Liebe zu dir gehst und dich selbst rettest. In dir mit deiner Lebensfreude, Stärke und Verantwortung ankommst.

Der Prozess kann immer leichter werden und sich umdrehen und es kann möglich sein, diese "himmlische Liebe" auf Erden zu leben, indem sich Verschmelzung und Eigenständigkeit abwechseln.

Die Wege können aber auch auseinandergehen, wenn wir uns aneinander abgearbeitet haben, sozusagen (wobei die innere Verbindung bestehen bleibt).

Weitere Seelengefährten können immer mehr ins Leben treten. Mit jeder Nähe und Beziehung, die wir eingehen, können wir unsere inneren Trennungsgefühle heilen. Mit der Dualseele in einem besonderen Maße, da wir ursprünglich eine Seele waren.

In der Kathedrale unserer heiligen Beziehungen möchten unsere Seelen in den Himmel hineintanzen.

Anrufung für deinen Seelengefährten [*]

Lege deine Hände auf dein Herz und verbinde dich mit deiner Seele. Öffne dich für dein höheres Selbst. Sei ganz da. Wach und entspannt. Voller Vorfreude. Denn dein Seelengefährte/deine Seelengefährtin ist schon jetzt da. Du kannst dir Bilder ausmalen und visualisieren. Sieh, wie ihr euch begegnet oder auch wie ihr zusammen seid. Nimm deine Bilder mit deinem Herzen an und spüre dabei, was du fühlst. Vertraue deinem inneren Sehen, deiner Visionsgabe und deinen Instinkten.

Sammle dich, atme tief ein, lächle und atme tief aus.
Sprich innerlich oder laut:

»Ich verbinde mich mit der Schwingung von Salomos goldenem Licht. Sie strömt in meine Sehnsucht nach meiner Seelenliebe.

Zwischen uns ist eine tiefe Verbundenheit, Echtheit und Ehrlichkeit. Eine tiefe Liebe und eine starke Anziehung. Die Flamme von Salomo schaltet immer mehr mein eigenes Licht an, und mit meinem Licht ziehe ich meinen Seelengefährten/meine Seelengefährtin in mein Leben.

Ich bin bereit. Und lebe aus dem inneren Raum meiner Geduld und Nähe. Denn das, was ich suche, sucht auch mich. Ich vertraue, glaube und gebe meine Sehnsucht nach oben hin ab.

---

[*] *Der Begriff des Seelengefährten umfasst (natürlich) sowohl den Seelengefährten als auch die Seelengefährtin.* ☺

Als Seelengefährten können wir uns des Spiegels, der wir füreinander sind, bewusst sein und wir können miteinander wachsen und lernen.
(Den Himmel auf die Erde holen.)

Wir können miteinander verschmelzen und zudem jeder den eigenen, unabhängigen Weg gehen. In Liebe und Freiheit.

Meine Herzensflamme – sie scheint immer leuchtender und lässt mein wahres Wesen immer mehr zum Vorschein kommen. So dass ich erkennen und erkannt werden kann. Ich nehme meine Masken immer weiter ab und stehe nackt im Bilde da. Mit meinem wahren Herzen. Meiner Essenz.

Im Jetzt.
Danke.«

Atme tief ein, sage sein lassen, atme tief aus, sage loslassen.

Komm' her – ich finde dich – du mich.
Ich freue mich auf deinen Blick.
Mein Vertrauter, meine Vertraute.
Ich sehe dich – du mich.

Dein Seelengefährte, deine Seelengefährtin – ist schon da.
Öffne eine Tür.
Für ihn – für sie.

Die Liebe, sie findet dich.

Mein Weg ...

Einschub: vor ein paar Jahren ...
Hamburg, auf meinem Balkon im Winter.
Schachmatt?
Ich stand auf meinem Balkon im fünften Stock und sah hinunter:
Es war für mich einfach unmöglich, von hier aus auf den nächsten,
mich rettenden Balkon zu klettern oder auch woanders hin ...
Oder zu springen, um mich zu retten.
So steil ging es abwärts.

Ich sah hinein in meine Wohnung –
und da war der Rauch, das Feuer.
Ich konnte nicht mehr zurück, bekam doch jetzt schon kaum
mehr Luft ...
... hechelte wie ein Hund im Sommer.

"Das könnte nun wirklich böse enden", kam es mir in den Sinn.
Ein Schauer lief mir über den Rücken. Ich fühlte mich wie in
einer Falle, gefangen.

Schachmatt?

Eine schlimme Vorahnung, oder besser: eine tiefe Angst kroch in
mir hoch – ich sah ins Feuer hinein:

⤙ Feuer

Mein Element. Ich sah in die Flamme hinein.
Wie oft saß ich in meiner Kindheit und als Teenager vor dem Ka-
min. Augenblicke des Innehaltens.
Minuten, die mir wie Stunden, wie kleine Ewigkeiten erschienen.
Und nun das?

Das Feuer in meiner Wohnung wurde immer größer und be-
drohlicher. Panik erfasste mich. Gleichzeitig wurde ich leicht
wehmütig.
Schwindel erfasste mich.
Ich war traurig.
Angst, Glück, Wut ... fühlte ich, mehrere Gefühle gleichzeitig.
Auch Freude – ein Betäuben.

Dann passierte es:
Klopf, klopf, klopf!
Noch nie hatte das Klopfen an meiner Haustür einen so wunder-
vollen Klang.
Klopf, klopf, klopf! Hilfe – sie war da. Ich war nicht mehr allein.

Diese Kraft in mir.
Ich fühlte mich wie in einem Film, als etwa 15 Feuerwehrmänner
in meine kleine, feine Wohnung liefen. Meine Nachbarin hatte
den Rauch von ihrem hinteren Balkon aus, der so gut wie immer
verwaist ist, gesehen und die Feuerwehr gerufen. Und ich hatte
wieder die Kraft, weiter gegen das Feuer zu kämpfen. Mehr noch,
ich hatte diese Stärke in mir erfahren.

Nie mehr wollte ich sie in meinem Leben missen!

("Es war deine Einweihung", sagte Marvin zu mir, mein so über alles geliebter, verstorbener Freund – als wir uns auf "unserem" Flohmarkt im Regen trafen. Wir umarmten uns mit unseren Augen, wie nur wir es konnten, und hielten uns an der Hand. Wie wir so lange Hand in Hand durchs Leben liefen. Marvin sagte: "Ich liebkose dein Herz, Sara."

Das Feuer – meine Einweihung?

Irgendwie schon.)

Anrufung für deine Stärke

Schließe einen Moment die Augen und frage dich, wo du deine Kraft in dir fühlst. *Hattest du vielleicht bestimmte Erlebnisse, bei denen du einen Zugang zu deiner wahren Kraft erfahren hast?*

Sie sind wie eine Initiation.

Wir sind doch alle so kraftvoll und voller natürlicher Macht, die grenzenlos ist – in uns. *Bist du bereit, deine Kraft zu leben?*

Möchtest du dein wahres inneres Potenzial in deinem äußeren Leben anwenden?

In deinen Verbindungen liegt deine Stärke. Deine weibliche Stärke. Sammle dich und fühle die Verbindung deiner mentalen Stärke mit deinem Herzen. Atme bewusst ein und aus, lege deine Hände auf deinen Körper und sprich innerlich oder laut:

»Die goldene Flamme Salomo entfacht meine weibliche Seinsstärke. Die manchmal auch zart ist. Und voller Süße. In der ein tiefer Frieden lebt. Und eine Freiheit. Ich nehme meine universelle Kraft an, die meine Seele, meinen Geist und meinen Körper vereint, und lebe sie.

Meine Kanäle, in denen meine Lebensenergie fließt, sind frei und klar. Ich kann immer mehr mein wahres Potenzial leben, das in mir ist – mit meinem Licht. Kann aus der Quelle handeln und reden.

Ich nehme die Kraft hinter meiner Kraft an. Die unendlich ist. Ohne Grenzen. Und integriere das Symbol der liegenden Acht in mir, auf allen Ebenen meines Seins. Danke, dass ich meine kristalline Stärke erfahren und leben darf.

Die Zentralsonne leuchtet in mir. Ich nehme meine weibliche Urstärke und mein weibliches Licht an.

Im Jetzt.
Danke. So sei es.«

Atme tief ein, verbinde dich mit deinem Sein und atme tief aus.

Schalte deinen Schalter sooft es geht um – "ins Jetzt" hinein – und gehe damit in die Präsenz des Augenblicks. (Im Jetzt ist alles gut. ☺)

Im Jetzt. Automatisch mit allem verbunden, mit deiner Vergangenheit, mit deiner Zukunft, mit deiner Gegenwart und mit der Quelle.

Würdige all die Aspekte deines Inneren – mit deinen "Überlebensmustern". Sie können wie eine Initiation sein.

Du bist durch das, was du erlebt hast, zu der einmaligen Person geworden, die du bist.

Sage dir:
Ich würdige meinen Selbstwert und meinen Selbstrespekt.
Meine Werte und meine Liebe.
Ich bin wertvoll und gut, genau so, wie ich bin.

Und die anderen Menschen sind wertvoll und gut, so wie sie sind.
Ich stehe nicht über und nicht unter ihnen.
Wie sind gleichwertig. Auf Augenhöhe.

Auf einer Ebene sind wir eins, auf einer anderen verschieden, einzigartig. Wir sind verbunden mit dem Ganzen und doch ein Individuum.

Daraus entsteht unsere echte Stärke.

Niemals wieder gibt es einen Menschen, der so ist wie du. Der deine Geschichte lebt. Niemals wieder. Du bist einzigartig. Mit deiner Seele. Mit deinem Herzen. Mit deinem Körper und deinem Geist.

Dein Raum des Lichts ist dein Herzjuwel.

Die innere Schwelle zu diesem Raum kannst nur du betreten.

In deinem Juwel ist alles da, ohne Begrenzungen und ohne Bewertungen. In ihm liegen eine tiefe innere Ruhe, Freiheit und Frieden. Ein Lachen, eine grenzenlose Weite, die Fülle und das Nichts.

Aus ihm zu leben ist ein Geschenk, das uns heutzutage angeboten wird. Hingabe ist Stärke. Halte deinen Raum, in dem alles miteinander verbunden ist, alle deine verschiedenen "Ichs", deine Muster, deine Stärken und Schwächen, dein Licht und deine Schatten ... und gehe tiefer in dein Herzjuwel.

Und von dort in dein Leben – als das einzigartige Wesen, das du bist.

♋ Für deine Fähigkeiten aus allen Leben

Wir können im Heute auf alle Talente, Fähigkeiten, Erfahrungen und Eigenschaften von früheren Leben zugreifen und sie in unser jetziges Leben integrieren. Auf der absolut übergeordneten Ebene geschehen sie auch nebeneinander, nicht hintereinander. Wie verschiedene Tonspuren liegen die einzelnen Leben nebeneinander.

Im Jetzt, im Feuer der Präsenz, sind wir mit unserer Vergangenheit – und das schließt auch frühere Leben mit ein – verbunden. Und auch mit unserer Zukunft. Mit unseren heiligen Matrixräumen. Deine aus deinen Vorleben erworbenen Stärken und Fähigkeiten kannst du bewusst wieder in dir entdecken und in dir verankern. Durch deine Seele bist du mit ihnen verbunden. Lege deine Hände auf dein Herz, verbinde dich mit deinem Inneren und atme Bewusstheit ein und aus.
Sage laut oder leise:

»Ich schalte die Energie der goldenen Flamme Salomo und der Zentralsonne an. Ich nehme meine Fähigkeiten und Stärken aus jedem Leben an und verankere sie in mir. In meinem Geist, in meiner Seele und in meinem Körper. Auf allen Ebenen meines Seins.

Mit der Fähigkeit der Erdung (oder jeder anderen Fähigkeit, die du dir wünschst) aus einem anderen Leben verbinde ich mich jetzt.
Mit der goldenen Flamme Salomo und der Zentralsonne.
Ich erlaube mir, diese bestimmte Qualität in diesem Leben zu leben, und verankere sie in mir.

Danke. Danke. Danke.
So sei es.«

Atme tief ein, nimm deine Kraft aus all deinen Leben an und atme tief aus.

Sage ja zu deiner Stärke, die in dir wohnt. Sie fließt dir von überall zu. Du bist mit der weiblichen Stärke verbunden. Im Hier und Jetzt.

Die Welt der Seele ist eine heilige.

> »Wisse, wo und wann du auch lebst – deine Seele von allen Leben, sie ist dieselbe.«
>
> Salomo

Alles, was wirklich existiert, ist die Liebe.

Verbinde dich mit der zusammenführenden Stärke der goldenen Flamme Salomo.

☙ *Für deine Ursprungsseele, deine göttliche Seele:*

»Goldene Flamme Salomo, bitte scheine in mein Herz und in meine Urseele. Mein Urlicht in meinem Herzen strahlt. Scheine mit deiner Heilkraft in alle Leben meiner Ursprungsseele.
Ich fühle die Stärke meiner göttlichen Seele.
Die goldene Flamme Salomo umhüllt meinen Seelenstern und meinen unzerstörbaren, unverletzbaren und unendlichen Seelenkern mit ihrer Reinheit und Kraft. Mit ihrem Licht & ihrer Liebe.
Ich nehme das heilige Feuer meiner Urseele an.

Im Jetzt. Danke. So sei es.«

Atme Liebe ein und atme Liebe aus.

Epilog

Nun bin ich am Ende dieser Reise zur neuen Weiblichkeit angekommen. Es kommt mir manchmal fast wie eine Ewigkeit oder
wie eine Sekunde vor, seitdem Salomo mit seiner goldenen Flamme
in mein Leben trat. Wenn ich an ihn denke, muss ich lächeln und
lachen - und das ist so schön.
Dankbar bin ich für das Feuerwerk der wunderbaren verschiedenen
Lichter und Schwingungen.

Ich stehe am Wasser und öffne meine Arme.

Die Sonne scheint auf mein Gesicht.
Ich atme tief ein und aus.
Verbinde mich mit dem Herzen der Sonne.
Lache mir zu.
Drehe mich tanzend im Kreis.
Gehe "runter vom Kreuz".
Auf meinen Platz. In mein ICH BIN, was ich bin.
In meine Hingabe.

Fühle mich wie Phönix aus der Asche, neugeboren.
Nehme meine himmlischen Linien und Spuren an.
Ich bin eine Träumerin. ☺

Fühle mich frei und leicht.

Glossar

In den folgenden Zeilen möchte ich dir ein paar Begriffe näherbringen, wie ich sie sehe und verstehe und wie ich sie im Buch gebrauche. Spirituelle Begriffe sind fast ein wenig wie eine "neue Sprache", die in unsere gewohnte mehr und mehr einfließt; manches Mal meinen beide auch etwas Ähnliches oder gehen ineinander über. Gebrauche die Begriffe, wie sie dir am stimmigsten erscheinen ...

Aura Sie umgibt unseren Körper als Energiekörper. Bei jedem Menschen ist sie einzigartig ausgeprägt und unterschiedlich ausdehnbar. Die Aura ist unsere Ausstrahlung und leuchtet in den unterschiedlichsten Farben, die heutzutage immer mehr Menschen auch sehen können.

Chakren Ich verwende im Buch die Begriffe "Kronenchakra" sowie "Solarplexuschakra". Da es so viel schöne und wertvolle Bücher über die uralte Chakrenlehre gibt, gehe ich hier nur sehr kurz auf unsere sieben Hauptchakren ein.
Die Energiewirbel drehen sich in verschiedene Richtungen, die weibliche Art linksherum, die männliche nach rechts. Immer mehr wird die Meinung vertreten, dass unsere Chakren unterschiedliche Farbschwingungen haben (so wie beispielsweise im Herzchakra zum Grün noch die weibliche Schwingung von Rosa hinzukommt). In den Chakren geht es auch um die

Vereinigung und Verschmelzung der weiblichen und männlichen Energien. Unsere Chakren durchdringen mit ihren Energiewirbeln sowohl den physischen Körper als auch unsere Aura und wirken auf unsere Ausstrahlung und Power!

Chakren geben Kraft, machen schön & heil und steigern unsere Ausstrahlung.

Öffnen wir uns ...
seien wir wie eine Muschel
und bergen die Perle, die wir sind!

1 Chakra: Wurzelchakra – Rot und Orange – Erdung, Vertrauen, materielles Sein, Lebenskraft

2. Chakra: Sakralchakra – Orange und Lila – Fülle, Schöpferkraft, Sexualität, Lebendigkeit

3. Chakra: Soarplexuschakra – Gelb und Rot – Emotionen, Selbstwert, Glaubensmuster

4. Chakra: Herzchakra – Grün und Rosa – Raum der Liebe & des Lichts, Herzenswärme, Frieden

5. Chakra: Halschaka – Hellblau und Türkis – Kommunikation, Kreativität, Offenheit

6. Chakra: Stirnchakra (Drittes Auge) – Blau und Lila – Intuition, Hellsichtigkeit, Weisheit

7. Chakra: Kronenchakra – Weiß, Gold und Violett – göttliche Liebe, Einheitsbewusstsein, kosmische, göttliche Anbindung

Das Hohelied Salomo In dem Hohelied der Liebe sind die schönsten und bekanntesten Verse der Bibel enthalten ... über die Liebe, über Sehnsucht & Hingabe ... über das gegenseitige Begehren und Verehren. Eine These von Gerhard Bergrich geht davon aus, das Hohelied Salomos sei eine Dichtung, die von einer Frau geschrieben wurde (als einziger Text in der gesamten Bibel). Wie dem auch sei – es steckt eine unglaubliche Kraft und Poesie in dem Hohelied der Liebe.

Frühere Leben Ich stütze mich in diesem Buch auf die Lehre der Wiedergeburt und glaube an frühere Leben. Wobei ich auch daran glaube, dass unsere Seele unsterblich ist und sich wieder in empfindsame Wesen manifestiert. Da es im göttlichen Sein keinen Raum und keine Zeit gibt, gibt es zudem die Theorie, dass die verschiedenen Leben so gesehen gleichzeitig ablaufen ...

Goldene Flamme, goldene Flamme Salomo Die goldene Flamme ist das heilige Ursprungslicht aus der Quelle. Sie kommt direkt aus dem Herzen des Göttlichen. Und die goldene Flamme Salomo? Nun, man könnte sagen: Salomo ist eine geistige Wesenheit, ein Vermittler aus der geistigen Welt, ein Hüter des göttlichen Lichts, das auch reines Ursprungslicht oder Christuslicht genannt wird, und bringt die goldene Flamme Salomo mit auf die Erde. Die goldene Flamme oder die goldene Flamme Salomo (oder auch: das goldene Licht) sind Begriffe, die ich in diesem Buch synonym verwende, da sie dieselbe Schwingung vermitteln. Sie spiegeln unser Licht. Die goldene Flamme möchte auf vielerlei Arten auf die Erde kommen, um das goldene Ursprungslicht der Quelle, das seit Anbeginn in uns lebt, zu verstärken, uns mit ihm rückzuverbinden und es mehr hervorzuholen.
Viele Menschen arbeiten mit der goldenen Flamme.

Goldenes Zeitalter Wir stehen in unserer aktuellen Zeit des Umbruchs und des Wandels schon mit einem Bein im goldenen Zeitalter ... bis wir vollkommen in ihm angekommen sein werden. In ihm geschieht eine Anhebung des Bewusstseins von uns und von Gaia.

Mythologisch gesehen bezeichnet der Begriff des goldenen Zeitalters die harmonische Urphase der Menschen (noch vor unserer Zivilisation).

Grüne Tara ... ist ein Begriff der fernöstlichen, tibetisch-buddhistischen Tradition (wobei es auch die weiße, rote, blaue und gelbe Tara gibt, die in zahlreichen Variationen dargestellt werden).

Der Legende nach wird erzählt, dass eine Träne von Buddha aus seinem gebrochenen Herzen rann und als smaragdgrünes Licht aufstieg. Es verwandelte sich in eine Göttin, die leuchtend ins Handeln tanzte als die Verkörperung des Mitgefühls und des Mutes. Die grüne Tara (die auch als große Mutter bezeichnet wird) war geboren, und so fand auch die weibliche Göttin bzw. eine hohe weibliche Energie in der fernöstlichen Philosophie ihren Platz. Oft wird die grüne Tara auch als die weibliche Manifestation von Buddhas Mitgefühl abgesehen. Mit der grünen Tara können wir sehr gut eine Brücke zu unserer Welt schlagen ... mit ihrer Weite und ihrem Schutz – mit ihrem mächtigen Mantra, das verschiedenste Ängste nehmen kann und uns einen großen Segen schenkt:

"Om Tare Tuttare Ture Soha: Om, Tara, du Retterin, du Beseitigerin aller Ängste, du höchst Schreckliche, die du alle Feinde erschlägst, Soha."

Hara Dieser Begriff bezeichnet den unteren Bauchbereich, unseren Unterkörper. Er kommt aus den Kampfkünsten (vor allem den japanischen und chinesischen) und bezeichnet die körperliche Mitte, das Kraftzentrum, von wo aus die Kämpfe bestritten werden.

Je mehr wir uns mit dem Hara verbinden, desto stabiler sind wir in uns, desto mehr sind wir in unserer körperlichen Kraft und Mitte verankert. So können wir besser auf unsere Shakti-Kraft, unsere weibliche Urenergie in uns, zugreifen.

Ich-bin-Qualität

Sammle dich in dir.

Hast du dich denn selbst erschaffen?

Musst du denn irgendetwas tun, um zu sein?

Oh – nein. Du existierst von allein.

Dein Sein – es war und ist da – immer.

In ihm liegt deine Ich-bin-Qualität.

Aus der Ich-bin-Qualität zu leben bedeutet, aus unserem "großen Ich", sozusagen aus unserem wahren Selbst, unserem göttlichen Kind heraus zu leben. Geborgen im Sein, in dem wir mit allem, was ist, connected sind ... mit der Einheit, mit der Schöpfung. Wir sind alle miteinander verbunden.

Kristalline Ströme (Kristallinität)

Kristalline Energie bezeichnet unsere wahre Urenergie, Ströme der höchsten Kraft und reinen Liebe vom Allerhöchsten (wie sie in unserem Urkern enthalten ist). Der höchsten Quelle geht es darum, die kristallinen Energien wieder mehr auf die Erde zu bringen und auch in den Menschen selbst zu verankern, so dass unsere Herzen klar und rein werden. (Die bedingungslose Liebe ist da.) So leben wir immer mehr als ein "kosmischer Mensch" mit kristallinen Strukturen, Linien und Verbindungen. Mit unserer wahren Schöpferkraft.

Mit der **kristallinen weiblichen Urenergie** meine ich die weibliche Energie in ihrer Urform, so wie sie seit Anbeginn der Zeit in uns angelegt ist. Mit ihr schließen wir den Kreis zu den uralten Hohepriesterinnen (u. a. von Atlantis und Lemurien) und den heiligen & heilenden Frauen.

Neue Zeit ... wird unsere jetzige Zeit genannt, in der eine Umprogrammierung und Bewusstseinserweiterung geschieht. Viele verschiedene neue, hohe Schwingungen und Frequenzen kommen dafür auf die Erde, für die wir uns immer mehr öffnen können. Wir können sie auch immer mehr unterscheiden und in ihrer Einzigartigkeit erkennen sowie immer mehr in einer spielerischen Art und Weise mit ihnen umgehen. Sie "ummanteln" uns sozusagen.

In der neuen Zeit geht es verstärkt auch darum, die Welt in eine Balance zwischen den weiblichen und männlichen Polen zu bringen – und die große Göttin mit all ihren weiblichen, göttlichen Aspekten zu integrieren.

In der neuen Zeit wird daneben die Relativität der Zeit immer spürbarer werden. Obwohl es so scheint, als würde die Zeit schneller vergehen, ist in ihr mehr Raum ... ein Paradoxon?

Es geht in dieser Zeit um unsere Verbindungen vom Ich zum Wir, und die Schleier zwischen den verschiedenen Ebenen und Welten lüften sich mehr und mehr ...

Qumranrollen Es war wohl eine Jahrhundertsensation, als die verschollenen Qumranrollen, die Schriftrollen vom Toten Meer, zwischen 1947 und 1956 geborgen wurden, zeigen sie doch etliche mögliche Neudeutungen der Bibel auf ... Sie wurden in der Zeit von ca. 250 v. Chr. bis ca. 40 n. Chr. von fast 500 Autoren mit unterschiedlichen Glaubenshintergründen verfasst. Der Kreis der Essener, die Urchristen, zu denen wohl auch Jesus gehörte, spielte dabei eine tragende Rolle. Viele ihrer Lebensgewohnheiten, ihre Alltags- und Glaubensrituale sind auch in den Schriftrollen festgehalten. Deren Faszination ist ungebrochen und ihre Deutungen dauern an ...

Über die Autorin

Sara Léux lebt und arbeitet als freischaffende Künstlerin in Hamburg, studierte Philosophie, absolvierte eine Schauspielausbildung und diverse spirituelle Ausbildungen wie die zur geistigen Heilerin und eine schamanische Ausbildung. Sie bietet Heil- und Energiearbeit an und gibt Seminare, in denen es um die Stärkung der weiblichen Kraft und um die Verbindung der Energie-, Heil- und Körperarbeit mit der Kreativität geht. Sara Léuxs Anliegen ist es, künstlerische Arbeit mit Energie- und Heilarbeit zu verbinden und die Verbindung zu der Energie der goldenen Flamme Salomo, zu der von Venus und den Plejaden sowie zur Lilith-Kraft herzustellen. Sara Léux möchte dazu beitragen, die weiblichen Kräfte auf der Erde stärker zur Entfaltung zu bringen und sie in ein gutes Gleichgewicht mit den männlichen zu bringen. Zu diesem Thema brachte sie, als Sara Heger, u.a. in den Hamburger Kammerspielen ihre Solostücke über drei starke Frauen – Camille Claudel ("Ich – Camille Claudel"), Mata Hari und Romy Schneider – auf die Bühne und arbeitet derzeit an ihrem neuen Chansonabend mit dem Titel "Salome-Jeanne-Maria und all die anderen". Daneben schreibt sie an dem zweiten Band zur goldenen Flamme Salomo, in dem es um die Stärkung unserer männlichen Seiten gehen wird.

Kontakt
belaflamme.com/blog
saraleux.com

Danksagung

♡-lichen Dank

an meine Family & Freunde. Insbesondere an euch (für die Unterstützung bei dem Projekt mit der GFS) – Merci: Jeanny, Suzana, Lars, Ina, Christina & Max.

Danke an die wunderbaren Schwingungen in diesem Buch!

Meinen herzlichen Dank an den Verlag Silberschnur!

Und natürlich an euch, liebe Leserinnen & Leser – schön, dass es euch gibt!

In liebevoller Erinnerung an Volker, Susanne und Marvin.

Deine eigenen Gedanken

Deine eigenen Gedanken

Deine eigenen Gedanken

_____

_____

_____

_____

_____

_____

_____

_____

_____

_____

_____

_____

_____

288 Seiten, broschiert
ISBN 978-3-89845-420-9
€ [D] 14,95

Larisa Renar

Die Macht der Weiblichkeit

Dieses Buch beschreibt die Stärken der weiblichen Energie, die schönen Schwächen, die unglaublichen Möglichkeiten und die süßesten Mächte der Erde. Entdecken Sie mit diesem voller Charme geschriebenen Buch Ihre Weiblichkeit, die Macht der Verführung und das Geheimnis, wie Sie Ihre Wünsche realisieren.

Tauchen Sie ein in die moderne Welt von Larisa Renar und in die Welt des frühen 20. Jahrhunderts der Fürstin Varvara Renar. Profitieren auch Sie wie die Autorin von den Kenntnissen der Urgroßmutter, von den Verführungsrezepten und dem geheimen Wissen über die weibliche Macht – und werden Sie zur modernen Liebesgöttin ...

120 Seiten, broschiert
ISBN 978-3-89845-435-3
€ [D] 12,95

Corinna Thiel

Die weibliche Urkraft wiedererwecken

Entdecken Sie Ihre Kraft!
Dieses Buch begleitet Frauen, die sich auf den Weg der eigenverantwortlichen Entwicklung gemacht haben, die Änderungen in ihrem Leben und Alltag vollziehen möchten, um sich ein glücklicheres, erfüllteres Dasein zu schaffen.

Um diese Frauen zu stärken, hat Corinna Thiel die Botschaften weiblicher Göttinnen und weiblicher Engelenergien empfangen – Botschaften, die tiefe Wahrheiten des weiblichen Seins an die Oberfläche bringen, um gehört, beachtet und gelebt zu werden. Mithilfe dieser Energien finden Sie zu Ihrer eigenen weiblichen Kraft zurück, liebevoll gefördert und angeleitet durch die Hüterinnen des ursprünglichen Wissens einer jeden Frau.

224 Seiten, 2-fbg., broschiert
ISBN 978-3-89845-537-4
€ [D] 14,95

Camilla Tersmeden

Leb dein Leben bunter!
Sei fröhlich, leicht und wunderbar

Jede Zeile in diesem Buch animiert dazu, mehr Freude im Leben zu haben.
Camilla Tersmeden lässt uns eintauchen in die magische und äußerst bunte Welt der Feen, Engel und Elohim. Diese wunderbaren Helfer zeigen uns, dass das Leben eine Spielwiese ist und es an uns selbst ist, uns das Beste herauszupicken. Dass wir das Recht haben, unsere Träume zu leben, Grenzen zu überschreiten und den Himmel auf Erden zu leben.
Entdecke daher jetzt, wie du jeden Tag mehr und mehr mit Freude, leichter und bunter leben kannst!

336 Seiten, 2-farbig, inkl. Lesezeichen, broschiert
ISBN 978-3-89845-570-1
€ [D] 19,95

Miriam Oberstaller & Helene Sarah Gruber

Ein Geschenk des Himmels für dich und mich
Die wesentlichen Fragen an das Leben

Die Schnelllebigkeit unserer Zeit und immer neue Aufgaben konfrontieren viele jeden Tag mit neuen Herausforderungen und immer wieder auftauchenden Fragen.

Die drängendsten Fragen an das Leben haben zahlreiche Menschen für dieses Buch gesammelt, und die geistige Welt hat jede einzelne davon liebevoll beantwortet ...

Einfühlsam, berührend und mit viel Humor führt die geistige Welt durch dieses Buch und schenkt in ihren Antworten Kraft und Segen. Dieses Buch möchte Menschen wieder zur Einfachheit führen, in die Selbstermächtigung und Selbstliebe.

128 Seiten, 2-farbig, Flexocover
ISBN 978-3-89845-584-8
€ [D] 12,95

Jessica Lütge

Alles, was du über dich wissen musst
222 Fragen zum Ausfüllen und Staunen

Jeder von uns hat in seinem Leben schon unzählige unwichtige Fragen beantwortet. Doch was ist mit den wirklich wichtigen Fragen? Denen, die tiefer gehen, die zeigen, was uns ausmacht und wer wir tatsächlich sind?

Jessica Lütge schöpft aus ihrer psychologischen Praxis und hat 222 Fragen formuliert, deren Antworten erstaunliche Selbsterkenntnisse zutage fördern. Man lernt sich so von einer Seite kennen, die einem bisher verborgen blieb.

Entdecke dein neues Leben und sei neugierig, was in der nächsten Zeit alles passiert.

416 Seiten, durchg. farbig, Flexocover
ISBN 978-3-89845-554-1
€ [D] 36,00

Indu Arora

Das große Buch der Mudrās
Heilende Übungen für Körper und Seele

Indu Arora ist eine Yoga-Meisterin, Yoga-Therapeutin, ayurvedische Klinikmedizinerin und Autorin mit langjähriger Lehrerfahrung. Mit diesem Buch eröffnet sie uns die Welt der Mudrās. Oder in ihren Worten: »Ich möchte mit Ihnen die Weisheit des Yoga und Ayurveda teilen, die Einfachheit in unser kompliziertes Leben bringt. In Harmonie mit unserer inneren Natur und der Natur als solcher zu leben, bringt uns Gesundheit. Nichts hat eine größere Macht, uns zu heilen, als das Selbst!«

320 Seiten, broschiert
ISBN 978-3-89845-613-5
€ [D] 18,00

Denise Linn

Vergangene Leben – gegenwärtige Wunder

Wunder können leicht und mühelos in unserem Leben geschehen. Dazu ist es nur notwendig, sich daran zu erinnern, wer wir wirklich sind ...

So sind wir in der Lage, die Blockaden aufzulösen, die zwischen uns und unserer Seele stehen. Fast all diese Hindernisse haben ihre wahren Wurzeln in einem vergangenen Leben.

In diesem praktischen Buch lernen Sie, wie Sie in diese vergangenen Leben zurückreisen können, um Licht auf Ihr jetziges Thema zu werfen und sich endlich die Realität zu erschaffen, die Sie sich schon immer gewünscht haben.

120 Seiten, 2-fbg., broschiert
ISBN 978-3-89845-452-0
€ [D] 12,95

Silke Gramer-Rottler

Was uns alle trägt

Die Kraft des Urvertrauens in einer reizüberfluteten Welt

Wir leben in einer schnelllebigen Welt, in der Hektik, Ignoranz und Ängste unseren Alltag bestimmen.

Silke Gramer-Rottler zeigt uns, wie wir zurückfinden können zur berühmten Leichtigkeit des Seins. Sie erklärt uns, wie wir in unserem Leben wieder Raum schaffen können für die wesentlichen Dinge und wie dadurch die ganzen Unsicherheiten des Alltags verschwinden.

Dieses inspirierende Buch fordert uns alle auf, innezuhalten in unserer schnelllebigen, reizüberfluteten Welt und uns auf den Weg zu machen, unseren Ängsten zu begegnen, um zu erfahren, dass das Leben uns trägt.

224 Seiten, broschiert
ISBN 978-3-931723-49-1
€ [D] 14,90

Maria Brunner

Ich bin dann mal ich!

Die Freiheit, zu sich selbst zu stehen

Dieses Buch ist eine Hommage an die Selbstbestimmung, an die Unabhängigkeit, an ein Leben in mentaler Freiheit.

Haben wir nicht von klein auf gelernt, dass wahre Tugend darin besteht, sich für andere aufzuopfern und selbstlos zu sein? Unreflektiert führt diese Haltung zu Selbsterniedrigung und letztendlich in einen Sumpf aus Abhängigkeit(en), Angst, Schuldgefühlen und Minderwertigkeitskomplexen.

Aus ihrem persönlichen Erfahrungsschatz schöpfend belässt es die Autorin nicht nur bei fundierten Analysen und Empfehlungen, sondern ergänzt ihre Ausführungen mit praktischen Übungen.

280 Seiten, broschiert
ISBN 978-3-89845-625-8
€ [D] 15,00

Dick Sutphen

Das Orakel in Dir

Dieser leicht verständliche Leitfaden erweitert auf spielerische Weise das Bewusstsein und ist eine großartige Hilfe im täglichen Leben.

Das Orakel bringt Sie in Kontakt mit Ihrem Höheren Selbst, das die Antworten auf Ihre drängendsten Fragen bereithält und Sie so in wenigen Schritten zur Selbsterleuchtung führt.

Dieses inspirierende Buch umfasst 250 Botschaften. Einerlei, ob Sie es lesen, um metaphysische Antworten zu erhalten, um spirituell zu erwachen, oder ob Sie einfach jeden Tag inspiriert und bewusst beginnen möchten – das innere Orakel wird bald eine wichtige Rolle in Ihrem Leben spielen.

192 Seiten, broschiert
ISBN 978-3-89845-534-3
€ [D] 14,95

Marie Johanne Croteau-Meurois

Das Elfentor

Unsere Verbindung zur Anderswelt

Treten Sie ein in die Welt der Elfen voller Magie und Licht. Dieses Buch schildert wahre Begebenheiten des Lebens der Elfe Gwenedys, die beschließt, ihre Welt zu verlassen und fortan in der Welt der Menschen zu leben. Durch ihre Schilderungen erhalten wir faszinierende Details des Lebens der Elfen – einem Elfenleben, das weit entfernt ist von den Märchen und Legenden unserer Vorstellungswelt.

Entdecken Sie die zauberhafte Anderswelt, und begegnen Sie wundervollen Elfen, die auch in unserer irdischen Welt ihren Zauber hinterlassen haben ...

144 Karten mit Kurzanleitung,
inkl. Miniposter, in Box
EAN 4260075280-28-8
€ [D] 19,95

Franziska Krattinger

Die Kraft der 144 Schalt- und Machtworte

Es ist schwer, eingefahrene Wege zu verlassen und wirklich etwas in seinem Leben zu verändern.

Die 144 wirkungsvollen Karten mit Schalt- und Machtworten helfen dabei, denn sie erwecken die uns innerwohnende positive Macht zur selbstbestimmten Veränderung von Situationen und Vorhaben. Eines dieser Worte genügt bereits, um einen unterbrochenen energetischen Fluss wieder zum Laufen zu bringen und so alles zum Besten zu lenken!

Schalten auch Sie einfach um – und beobachten Sie die positiven Veränderungen in Ihrem täglichen Leben. Sie haben WIRKLICH die Macht dazu!

Weiterführende Informationen zu
Büchern, Autoren und den Aktivitäten
des Silberschnur Verlages erhalten Sie unter:
www.silberschnur.de

Natürlich können Sie uns auch gerne den
Antwort-Coupon aus dem beiliegenden
Lesezeichenflyer zusenden.

Ihr Interesse wird belohnt!